"一带一路"视域下

天府民俗文化

网络视频传播研究

陈 卓◎著

图书在版编目（CIP）数据

"一带一路"视域下天府民俗文化网络视频传播研究 / 陈卓著. -- 成都：四川大学出版社，2025. 5. -- ISBN 978-7-5690-7768-1

Ⅰ. G219.277.1

中国国家版本馆 CIP 数据核字第 2025HT2225 号

书　　名：	"一带一路"视域下天府民俗文化网络视频传播研究
	"Yidai-Yilu" Shiyu xia Tianfu Minsu Wenhua Wangluo Shipin Chuanbo Yanjiu
著　　者：	陈 卓
选题策划：	张伊伊
责任编辑：	张伊伊
责任校对：	毛张琳
装帧设计：	墨创文化
责任印制：	李金兰
出版发行：	四川大学出版社有限责任公司
	地址：成都市一环路南一段 24 号（610065）
	电话：（028）85408311（发行部）、85400276（总编室）
	电子邮箱：scupress@vip.163.com
	网址：https://press.scu.edu.cn
印前制作：	四川胜翔数码印务设计有限公司
印刷装订：	四川省平轩印务有限公司
成品尺寸：	170 mm×240 mm
印　　张：	11.5
插　　页：	1
字　　数：	205 千字
版　　次：	2025 年 7 月 第 1 版
印　　次：	2025 年 7 月 第 1 次印刷
定　　价：	68.00 元

扫码获取数字资源

四川大学出版社
微信公众号

本社图书如有印装质量问题，请联系发行部调换

版权所有 ◆ 侵权必究

目 录

绪 论 ……………………………………………………………………（1）

第一章 天府民俗文化概述……………………………………………（6）
第一节 天府物质生活民俗………………………………………（8）
第二节 天府社会生活民俗………………………………………（16）
第三节 天府精神生活民俗………………………………………（22）

第二章 天府民俗文化网络视频"一带一路"传播现状……………（28）
第一节 天府民俗文化网络视频类型……………………………（28）
第二节 天府民俗文化网络视频传播载体………………………（40）
第三节 天府民俗文化网络视频头部平台数据分析……………（47）

第三章 天府民俗文化网络视频国际传播典型案例…………………（67）
第一节 天府民俗文化短视频国际传播案例……………………（67）
第二节 天府民俗文化中、长视频国际传播案例………………（81）

第四章 中华民俗文化网络视频国际传播典型案例借鉴……………（91）
第一节 中华民俗文化短视频国际传播案例借鉴………………（91）
第二节 中华民俗文化中、长视频国际传播案例借鉴…………（102）

第五章 天府民俗文化网络视频"一带一路"传播策略……………（112）
第一节 天府民俗文化网络视频"一带一路"传播内容选择………（112）

第二节　天府民俗文化网络视频"一带一路"传播表达方式………(114)
　　第三节　天府民俗文化网络视频"一带一路"传播主体整合………(119)
　　第四节　天府民俗文化网络视频"一带一路"传播载体选择………(130)

第六章　"一带一路"视域下天府民俗文化网络视频创作策略…………(137)
　　第一节　素材选取………………………………………………(137)
　　第二节　脚本创作………………………………………………(146)
　　第三节　拍摄创作………………………………………………(152)
　　第四节　外文配音………………………………………………(156)

第七章　天府民俗文化网络视频"一带一路"传播模式……………(158)
　　第一节　单一视频传播与长中短视频融合传播………………(158)
　　第二节　单一媒体传播与多媒体融合传播……………………(161)
　　第三节　官方传播与民间传播双重发力………………………(164)
　　第四节　网络视频国人讲述与外籍人士讲述并重……………(169)

参考文献………………………………………………………………(177)

后　　记………………………………………………………………(180)

绪 论

习近平总书记2013年9月7日在哈萨克斯坦纳扎尔巴耶夫大学发表演讲，首次提出建立"一带一路"的"丝绸之路经济带"的倡议，并于同年10月提出建立"21世纪海上丝绸之路"的倡议。"一带一路"的"丝绸之路经济带"和"21世纪海上丝绸之路"，充分依靠中国与有关国家既有的双、多边机制，借助既有的、行之有效的区域合作平台，借用古代丝绸之路的历史符号，高举和平发展的旗帜，积极发展与沿线国家的经济合作伙伴关系，共同打造政治互信、经济融合、文化包容的利益共同体、命运共同体和责任共同体。2015年3月，国家发改委、外交部、商务部联合发布了《推动共建丝绸之路经济带和21世纪海上丝绸之路的愿景与行动》，提出中国周边建设丝绸之路经济带的五大方位和六大经济走廊，对中国建设"一带一路"的总体原则、框架和合作方向作出了具体的阐述。自习近平总书记开创性地提出共建"一带一路"的宏伟倡议以来，我们秉持共商共建共享原则，坚持开放、绿色、廉洁理念，努力实现高标准、惠民生、可持续目标，取得了举世瞩目的成就，"一带一路"朋友圈不断扩大，设施互联互通不断深化，经贸交流合作更加繁荣，新兴领域国际合作不断拓展，多元化投融资体系不断完善，人文交流与合作日益频繁。

推进高水平对外开放，推动共建"一带一路"高质量发展，共建人类命运共同体，给我国文化国际传播提出了一系列新要求、新使命。面向新时代，以习近平同志为核心的党中央聚焦国际传播能力建设作出了一系列重大决策部署。十八届三中全会《中共中央关于全面深化改革若干重大问题的决定》指出要构建多元协同的对外宣传体制，提出"坚持政府主导、企业主体、市场运作、社会参与，扩大对外文化交流"；2016年，"加强国际传播能力建设"被写入"十三五"规划；2017年，党的十九大报告提出"推进国际传播能力建设，讲好中国故事，展现真实、立体、全面的中国，提高国家文化软实力"；2021年，国家"十四五"规划和2035年远景目标纲要提出"创新推进国际传播"。2021年5月31日，中央政治局就加强我国国际传播能力建设进行集体学习，习近平总书记在集体学习会上强调：讲好中国故事，传播好中国声音，展示真实、立体、全面的中国，是加强我国国际传播能力建设的重要任务。要深刻认识新形势下加强和改进国际传播工作的重要性和必要性，下大力气加强国际传播能力建设，形成与我国综合国力和国际地位相匹配的国际话语权，为改革、发展、稳定营造有利的外部舆论环境，为推动构建人类命运共同体做出积极贡献。党的二十大报告对"增强中华文明传播力影响力"作出重大部署，指出坚守中华文化立场，提炼展示中华文明的精神标识和文化精髓，加快构建中国话语和中国叙事体系，讲好中国故事、传播好中国声音，展现可信、可爱、可敬的中国形象。加强国际传播能力建设，全面提升国际传播效能，形成同我国综合国力和国际地位相匹配的国际话语权。深化文明交流互鉴，推动中华文化更好走向世界。

四川是我国西向、南向对外开放的桥头堡，省委省政府就全省主动融入"一带一路"、打造改革开放新高地、加快文化强省建设作出一系列战略部署。四川省"十三五"规划提出积极融入"一带一路"，强调围绕丝路文化、巴蜀文化等，密切开展人文交流合作；提出"增强巴蜀文化影响力"，强调实施巴蜀文化品牌工程，构建巴蜀文化传播体系，丰富传播内容，拓展传播业态，加强传播载体建设，增强国际传播能力，拓展对外文化交流，推动四川文化走出去。四川省"十四五"规划和2035年远景目标纲要，提出"深化与'一带一路'沿线国家交流合作"，强调广泛开展人文交流，促进健康丝绸之路建设；提出"传承发展优秀传统文化"，实施文化走出去"六大工程"，建设四川国际传播中心。2022年5月，四川省第十二次党代会报告对加快新时代文化强省建设作出部署，强调加强国际传播能力建设，推动川剧、彩灯等"川字号"文化产品走出去，多渠道多声部传播中国声音、讲好四川故事。2022年11月，四川省委十二届二次全会通过了《中共四川省委关于深入学习贯彻党的二十大精神　在全面建设社会主义现代化国家新征程上奋力谱写四川发展新篇章的决定》，指出，要打造改革开放新高地，扩大高水平对外开放，积极参与"一带一路"建设；实施文脉赓续工程、国家文化数字化战略，做强文化核心领域产业，加快建设文化强省。

天府之国历史悠久，三星堆文化距今 4600 年左右，宝墩文化距今 4500 年左右，金沙文化距今 3200 年左右，仅成都就拥有约 2300 年的建城史。天府民俗文化是世世代代勤劳的四川人民群众在生产、生活过程中自发创造的，与大众生产、生活方式息息相关。尽管历史在不断演进，但许多民俗文化与当代民众的价值观、精神追求、审美情趣依然高度契合，仍然具有极高的时代价值和旺盛的生命力。天府民俗文化以其丰厚而独具魅力的文化特质，成为面向"一带一路"讲好四川故事的文化源泉。

面向"一带一路"进行天府民俗文化传播，是天府文化国际传播的一项重要工程。影像传播具有纯文字传播、声音传播不可比拟的优势。全球互联网时代，网络视频为文化国际传播带来了极大的便利，必然成为天府民俗文化"一带一路"传播的首选。

天府民俗文化"一带一路"网络视频传播尚处于起步阶段，我们通过门户网站、搜索引擎、社交平台等新媒体，对天府民俗文化"一带一路"网络视频传播开展调查与统计分析，总结提炼关于天府民俗文化"一带一路"网络视频传播现状的基本判断。从国际视野出发，利用大数据挖掘与分析、内容分析法、个案分析法，深入分析天府民俗文化"一带一路"网络视频传播面临的主要难点，系统剖析天府民俗文化素材提炼与利用、传播主体与载体、创意策划与再创作等诸方面存在的问题，为探索提升其影响力、感召力、塑造力的路径与对策奠定可靠基础。

关于传播，郭庆光认为传播是社会信息的传播或社会信息系统的运行，具备以下特点：社会传播是一种信息共享活动；社会传播是在一定社会关系中进行的，又是一定社会关系的体现；从传播的社会关系性而言，它又是一种双向的社会互动行为；传播成立的重要前提之一，是传受双方必须要有共通的意义空间；传播是一种行为，也是一种过程，还是一种系统。[①] 刘海龙从话语研究入手，总结了传播的六种话语：传播是信息的传递；传播是传者对受者的控制；传播是传者进行的主观游戏；传播渗透着无形的权力，语言中蕴含着让我们觉察不到的强迫；传播是一种绝对自由、没有控制的过程；传播是共享和互

---

① 参见郭庆光. 传播学教程（第二版）[M]. 北京：中国人民大学出版社，2011：4-5.

动,是彼此平等的交流和对话,在其传受的过程中,传受双方获得相互理解的共识。①

传播范式(Communication Format)是我们理解大众传播的关键。阿什德所界定的"传播范式",指的是预先设定的媒介模式,规定了构成传播结构和意义的时间和空间等变量。这些变量涉及传播过程和传播符号的语法、句法、节奏和风格。阿什德将传播范式提高到"元传播"的层次,认为所有的传播行为都是从范式开始并被范式控制着,范式是构成性元素,任何社会行为如要得到传播就必须经过范式的塑造,而信息技术是这种范式的基础,信息技术与媒介的融合改变了媒体传播的基本形态。天府民俗文化"一带一路"网络视频传播不同于文字传播、声音传播,是影像传播;不同于线下传播,是线上传播;不同于国内传播,是国际传播;不同于新闻传播,是文化遗产传播。本书致力于探寻提升天府民俗文化"一带一路"网络视频传播影响力、感召力、塑造力的科学路径,深入研究其传播范式问题,系统提出以下主要对策。

一是促进天府民俗文化网络视频"一带一路"传播的主要策略。第一,提升天府民俗文化网络视频"一带一路"传播内容要从三个方面着力:以实现人类共同价值为导向,提升天府民俗文化网络视频内涵;坚持以四川多民族文化交相辉映为背景,打造特色化天府民俗文化网络视频内容;以促进四川文商旅融合发展为目标,提升天府民俗文化网络视频的文化张力。第二,提炼总结故事片、纪录片、科教片、娱乐片、新闻报道片等的不同特点,找到适用于"一带一路"传播的天府民俗文化网络视频的表达方式。第三,提出了党委政府主导下各类传播主体形成合力,共同推动天府民俗文化网络视频"一带一路"传播的有关策略。第四,系统阐述了天府民俗文化网络视频"一带一路"传播的载体选择策略。

二是适用于"一带一路"传播的天府民俗文化网络视频的创作策略。第一,从典型人物、典型事件、典型环境等出发,优化天府民俗文化国际版网络视频创作素材的选取。第二,根据不同类型网络视频的特点,提升天府民俗文化国际版网络视频脚本创作手法。第三,根据网络视频的不同表现形式,提升天府民俗文化国际版网络视频拍摄创作手法与技巧。

---

① 参见刘海龙. 大众传播理论:范式与流派 [M]. 北京:中国人民大学出版社,2008:4-25.

绪　论

三是秉持辩证与融合的理念，从四大关系的维度构建天府民俗文化网络视频"一带一路"传播模式。第一，单一视频传播与长中短视频融合传播。第二，单一媒体传播与多媒体融合传播。第三，官方传播与民间传播双重发力。第四，非故事片类网络视频国人讲述与外籍人士讲述并重。上述四点，形成有效提升天府民俗文化网络视频"一带一路"传播国际影响力、感召力的完整路线图。

总之，天府文化国际传播是一项长期性工程，既要加大推进力度，又要久久为功。天府民俗文化是天府文化的重要组成部分，具有异国人民易于接纳的优势，在天府文化国际传播中扮演着不可或缺的角色。探寻天府民俗文化网络视频"一带一路"传播策略、创作策略等，对提升天府民俗文化国际传播影响力、感召力、塑造力，助推天府文化走出去，讲好四川文化故事，传播四川文化好声音，提升四川文化软实力，具有强烈的现实意义。

第一章 天府民俗文化概述

天府，意为天然的府库，借指土地肥沃、物产丰饶的地区。我国历史上首次用"天府"指称某地，是战国时期的苏秦，他游说秦惠王时将关中平原称为"天府"。据《华阳国志》记载，李冰修建都江堰水利工程后，成都平原"沃野千里，号为陆海，旱则引水浸润，雨则杜塞水门，故记曰水旱从人，不知饥馑，时无荒年，天下谓之天府也"。东汉后期，随着成都平原的发展，"天府之国"的范围逐渐扩展到以成都平原为中心的巴蜀地区，并逐渐成为成都平原乃至四川盆地的专称。本书中所说的天府文化，是指以成都平原为核心、在天府之国发展起来的文化，这是一种典型的、特殊的地域文化，是在特定圈层和区域内形成的文化。

1864年，汤姆斯作为英国民俗学会的创始人，创造了"民俗学"这一学科，当代民俗学指出，民俗的产生、流行和传承都在民间，并且为人们所普遍认同和传承。这一概念也逐渐开始被世界各国广泛使用。

"民俗"作为一个学术用语，指一个国家、民族、地区的民众所创造、共享、传承的风俗及生活习惯，是人民大众在生产生活过程中形成的一系列物质的、精神的文化现象。民俗是文化学的一个重要组成部分。

法国学者桑狄夫把民俗分为三类：一是物质生活，包括经济的物质（土地、食料、居住空间等）、生存的方法（劳动）、营利与财富；二是精神生活，包括语言、民间知识及其应用、民间睿智、美学、神秘观念及活动；三是社会生活，包括血缘关系、地缘共同体、特殊联盟（经济的、政治的、竞技的等）。这是国外学术界比较有代表性的一种分类。

我国民俗学者钟敬文在桑狄夫"三分法"的基础上将我国民俗分为物质民

第一章
天府民俗文化概述

俗、社会民俗、精神民俗、语言民俗四大类①,这是我国学界非常典型的一种分类。

物质民俗指民众在创造和消费物质财富过程中所不断重复的、带有模式性的活动,以及这种活动所产生的带有类性的产品形式。包括农业民俗、渔猎和游牧民俗、工匠民俗、商业和交通民俗、物质生活民俗等。

社会民俗指民众在特定条件下所结成的社会关系的惯制,也叫社会组织及制度民俗。它涉及从个人到家庭、家族、乡里、民族、国家以至国际社会在交往与结合过程中使用并传承的集体行为,包括社会组织民俗、社会制度民俗、岁时节日民俗和民间娱乐习俗等。

精神民俗指在物质文化与制度文化的基础上,形成的有关意识形态方面的民俗。人类在认识世界、改造世界的过程中形成心理经验,这些经验成为集体心理习惯并表现为特殊的行为方式,并且代代相传,就成为精神民俗。

语言民俗指通过口语约定俗成、普遍承袭的信息互动系统,分为民俗语言与民间文学两大部分。

"一方水土养一方人",不同社会群体创造不同的民俗文化。民俗的变化、发展往往与人口迁徙密切相关。公元前316年,秦国张仪、司马错等人率军攻灭巴(今四川东部及重庆)、蜀(今四川西部),这是四川历史上有资料记录的最早的一次移民入蜀。明初明军攻打四川,以及清朝东南、西北部两次"湖广填四川",是历史上重大的移民大迁徙。抗日战争时期与当代三线建设时期,大量其他省份的移民来到四川。这些大规模移民对四川民俗文化的发展变化产生了巨大的影响。

蜀地人口迁徙、语言转变与巫术文化的影响,使天府民俗文化呈现出独特的面貌。天府民俗文化涵盖了以成都平原为核心的天府之国的社会生活各方面,包括天府物质生活民俗、天府社会生活民俗和天府精神生活民俗等。

"民俗文化,简要地说,是世间广泛流传的各种风俗习惯的总称,是人类社会独有的文化现象。"② 天府民俗文化是在蜀地民间流传的风俗习惯,同时也是一种生活文化,代表着蜀地人民的生活方式。它是一种文化模式,在蜀地

---

① 钟敬文. 民俗学概论 [M]. 2版. 北京:高等教育出版社,2010:6.
② 柯玲. 中国民俗文化 [M]. 2版. 北京:北京大学出版社,2017:1—2.

约定俗成，拥有一定的权威性；也是一种行为规范，约束着天府人民的思想和行为。天府民俗文化具有程式化和象征性、传承性和变异性、集体性和区域性、服务性和规范性等特征。天府民俗文化具有固定的形式，体现在代代相传的生活文化中，承载着人民的意志，具有一定的象征意义。天府民俗文化的继承取决于世代相传的传授，在传承过程中，口传可能导致民俗变异，部分民俗也会随着时代的发展与时俱进。天府民俗文化还有着集体创造、集体享用、集体保存和集体传承的文化特征，由于地理差异与政治经济因素的影响，各区域间的民俗也会有所不同。

第一节 天府物质生活民俗

一、天府物质生活民俗的内涵

天府物质生活民俗是指天府地区的传统生产、传统生活的民俗。天府物质生活民俗最先只以满足生理需要为目的，饮食、服装能保障人民生活需要，相对固定的居住地能保障人民生活安全，工具有助于提高生产效率。巴蜀大地上各民族的生产生活方式催生并传承了各具特色、相互融合的物质生活民俗，即民间传统生产生活习俗。如今，四川人民的生产方式已发生翻天覆地的变化，进入全面加快实现新型工业化、信息化、城镇化和农业现代化的新时代。伴随生产力水平的巨大进步，四川人民的生活方式也在发生变化，文明、健康、绿色生活方式成为新时尚。但是，天府物质生活民俗并没有因此消失，优秀的天府物质生活民俗饱含浓浓的乡愁，被一代代传承，一些物质生活民俗被人们注入新的文化元素，得以发扬光大。

二、天府物质生活民俗的种类

天府物质生活民俗可以分为天府民间传统生产习俗、天府民间传统生活习俗。

第一章
天府民俗文化概述

天府民间传统生产习俗是天府人民在一定的自然环境中建立、享受并继承的传统生产方式。天府民间传统生产习俗种类多样，内容丰富，历史悠久，具有独特的地域文化特色，典型的有四川竹编、四川蜡染（扎染）、蜀绣、蜀锦、羌绣等，贯穿天府人民生产实践活动的全过程。

天府民间传统生活民俗是巴蜀人民依托天府之国的物产及自然气候环境、传统生产习俗而逐步形成的各民族各具特色的生活方式，种类繁多，魅力无穷。其中，川酒文化、川茶文化、川菜文化、川盐文化等享誉国内外。

（一）天府民间传统生产习俗

1. 都江堰放水节

都江堰放水节是国家级非物质文化遗产之一。都江堰市坐落在四川省中部成都平原西北外缘，处于岷江上游和中游接合部的岷江出山口，李冰在公元前256年修筑了都江堰水利工程，使成都平原成为天府之国。据考证，至少在汉建宁元年（公元168年），每年清明节，当地就已经有纪念李冰、庆祝都江堰水利工程岁修竣工和进入春耕生产季节的活动，包括官方祭祀活动和民间祭祀活动。官方祭祀活动由主祭祀官诵读祭文，并献帛、献爵、献花，瞻仰二王庙；民间祭祀活动主要是百姓到二王庙祈求年谷顺成、五谷丰熟。放水节最重要的是开水仪式，即在鱼嘴分水处砍断连接杩槎的竹索，让外江水流入经岁修后的内江。例如，"2018中国·都江堰清明放水节开幕式"在岷江河道中举行，在"都江堰宝灌一千万亩纪念碑"广场（飞沙堰）进行山水实景演出，包括"礼祭先贤""敬祈福愿""拜水大典"三个场景，祭水、拜水、放水等各环节严格按照古法进行，再现了成都平原农耕文明中源远流长的民俗文化，展现了农耕文化繁荣的进程及天府民众奋发向上、见贤思齐的美好品德。

2. 四川竹编

四川竹编包括青神竹编、道明竹编、渠县刘氏竹编。

青神竹编是在四川省眉山市青神县流传的一种古老的竹编工艺，青神先民用竹篾编簸箕饲养蚕，唐代张武带领人民编竹篓填石拦"鸿化堰"，取水浇灌农林，扩展了竹编的运用范围。至明代，青神县人余承勋在进京赶考成功被授予职位后，利用竹篾编织书箱和餐盒，竹编的应用更广。到清代，青神竹编名声大振，被选为贡品。民国时期，竹丝斗笠出现，成为宣传抗战的物品。1949年以后，青神竹编扩展出了字画、山水、花鸟鱼虫等工艺品，用极细的竹丝所编成的《清明上河图》获得过国际金奖。其竹编使用的竹子竹节长，有韧性，纯手工编织，锁口和收尾的地方不使用任何黏结物，是精美的竹编艺术。

道明竹编产自四川省崇州市道明镇，是国家地理标志性产品。道明镇坐落于川西平原，有充足的竹资源，早在秦朝就已经开始使用竹编绳、撮箕等农业器具。清朝时期，道明竹编的品类日益丰富、工艺日渐优化。民国时期，道明竹编在四川省内外已享有盛誉。道明竹编使用的竹子竹节长、质地柔和，竹编的工艺特殊，多使用各种穿插技艺，有平面竹编和立体竹编两种类型的产品，其竹编产品花样清晰，色彩多样，具有较高的耐用性和欣赏性。

渠县刘氏竹编流传于四川省渠县，渠县位于四川省东北部，该地雨量充足，气候温和，盛产慈竹。2300多年前，渠县居民已开始利用竹编制作劳动和生活工具。唐代，当地人民善于制作竹房、竹椅等用具，竹编业日益发达。清代，竹编宫扇、凉席等被列为贡品。渠县刘氏竹编的制作工艺繁杂，工序众多，制作时间长，从砍伐竹子到成品制出有三十多道工序，是现代机械技术无法替代的。其竹编产品有近千种花色和类型，技术精细，能制作出薄如绢布的竹片，是劳动人民艺术创造力的结晶。

3. 四川蜡染（扎染）

四川蜡染（扎染）的主要代表是珙县蜡染和叙永蜡染。

珙县蜡染起源于四川省宜宾市珙县苗族聚居区，其颜色多样、层次分明、构图丰满、风格朴实，是中华民族古老的传统印染工艺之一。通常以家庭为单位进行工艺传承，其制作工艺复杂，有调蜡、碾布、绘图、渍染、蒸煮、漂洗等步骤。蜡绘分为线型、点线面结合型、彩色复合型三类。蜡染构图分为中心式、对称式、散落式、连续式四种。蜡染的颜色主要是蓝白，结合挑花与补花，先染后绣。绣纹以自然纹与几何纹为主，图纹既世代相传，又偶有变化。珙县苗族人民常将蜡染产品制成上衣、百褶裙、枕套、门帘等，蜡染已成为当地不可缺少的手工技艺。

叙永蜡染是流传于四川省泸州市叙永县苗族聚居区的蜡染技艺，其工艺独特，以蜂蜡为笔，包括熬蜡、磨布、画蜡、染色、脱蜡、漂洗、晾干、缝制等步骤。其图案精致，线条流畅，多采用动植物图案，图案样式栩栩如生、富有寓意。其颜色以蓝白为主、红绿为辅，产品有抱枕、包包、服装、装饰品等。2022年，叙永蜡染走出国门，亮相摩洛哥"中摩非遗巡回展"，在异国他乡大放异彩，吸引了许多当地民众驻足欣赏。

4. 蜀绣、蜀锦

蜀绣又称"川绣"，是中国最著名的刺绣技艺之一，流传于巴蜀地区，分为川西和川东（今重庆）两大流派，与苏绣、湘绣、粤绣相比，具有鲜明的地方特色与文化内涵。蜀绣风格大胆夸张、富有想象、幽默有趣。一般以传统的动植物、脸谱、风景、戏装、建筑、仕女人像为题材，形式多样。主要绣法有单面绣、双面绣、异形异彩绣；主要技法有铺针、直针、斜针、穿针、掺针、散套针、三排针、浮线针、覆盖针、压花、上飞色、下飞色等。针法齐备精巧，具有密不成锥、稀不见底、光亮平齐、短针细密、张弛有度、收放自如的特点。如今，蜀绣还在创新刺绣技法，将大批创新型蜀绣产品输送到国内外市场。

蜀锦因产自蜀地而闻名，兴于春秋战国而强于汉唐，是特色锦的一种，是成都的标志性技艺，兼具审美和实用价值，又因其在南北"丝绸之路"中作为文化交流及贸易的介质见证了历史，具有文化价值。蜀锦与蜀绣的不同之处主要体现在四个方面：一是蜀锦在生产过程中将花色或文字织入，让锦与缎合二为一，变为彩色的锦缎，而蜀绣是人工利用彩色的丝线在纯色丝绸上绣制而成；二是蜀锦一般由蚕丝制成，质料柔滑，吸汗透气，而蜀绣的绣布除绸缎外，还有棉布、麻布、绡等，丝线常为蚕丝线；三是蜀锦的制造器械是织机，而蜀绣的制造器械是绷子、绣针或刺绣机器；四是蜀锦一般没有单双面的区别，而蜀绣产品则有单双面之分。

5. 羌绣

羌绣是传统刺绣的一种，流行于四川省内的羌族聚居区，其图案多为几何状，组织匀实，修饰性强。绣品一般采用羌族特有的样式，比如"羊角花"，体现了羌族独特的文化符号。在针法技艺方面，羌绣一般以粗布为绣布，以棉线为绣线，使用特殊的挑花、纤花、纳花、链子扣和接针绣技艺，作品秀美，精致朴实。在颜色方面，羌绣有素和艳两种用色，常用红、黄、湖蓝等配黑白两色，色彩跳跃性强、对比性大，具有少数民族审美特点。

6. 绵竹木版年画

四川省绵竹市自宋代时就已出产木版年画，分布在绵竹市城区剑南镇和北部的拱星镇、道清镇、新市镇、孝德镇等地。其生产过程包括做稿、刻版、印墨、施彩、盖花等。其主要特色一是人工彩绘，同一张版因不同的工匠手绘，效果不一；二是构图相称，每一张木版年画的构图必须相称、有规律；三是色彩和对比度的使用好，除了金色（如沥金、堆金、贴金）运用较多，"填水脚"（指用剩余颜料涂抹的一种样式）的运用也极具特色。绵竹木版年画的主题五花八门，包括传统门神画、戏曲故事、花鸟鱼虫、吉祥图样、写景纪实等。年画中的各种图案都有不同的象征意义和独特解释，和图像一起反映或呈现当地的各种民俗仪式。

（二）天府民间传统生活习俗

1. 铸糖人儿（铸糖饼）

铸糖人儿（铸糖饼）是我国传统手工技艺，流传于四川省川西平原地区，也被称为"糖画艺术"。糖人儿既可赏玩，又可食用，《后汉书》记载，铸糖人儿是由糖煎化模印成人物狮象之形者的飨糖演变而来，其在演变的过程中吸收了皮影、剪纸等制作手法，形成了以线、块、面为特点的构图，糖人儿的外形多为花鸟鱼虫、飞禽走兽和戏剧人物，深受人们喜爱。铸糖人儿常出现在城乡庙会和集市活动上，糖画艺人会在游人必经之处支起摊子，放两张方桌，一张方桌上放一块大理石板，另一张放一个转盘，摊子的一侧放一个熬糖的火炉，摊顶撑一把大伞，摊边立一个草把，草把上插着已经铸成的"作品"。糖画艺人在制作糖人儿时，将麦芽糖和玉米糖做成的饴糖加热成糖稀，用长柄铜勺在大理石板上作画，并在糖人儿中间放上一根竹签，待到糖稀变凉，用小刀在糖人儿和大理石之间轻轻一划，糖人儿就做好了。

2. 川酒文化

四川白酒有 3000 多年的历史，古代巴蜀酒业已十分发达，《华阳国志·巴志》记其诗曰："川崖惟平，其稼多黍。旨酒嘉谷，可以养父。野惟阜丘，彼

第一章
天府民俗文化概述

稷多有。嘉谷旨酒，可以养母。"①《水经注》记载："江之左岸有巴乡村，村人善酿，故俗称'巴乡清'，郡出名酒。"盛宏之《荆州记》也曰："南乡峡西八十里，有巴乡村，善酿酒，故俗称巴乡酒。"② 自清朝初年以来，四川白酒全面走出四川，以绵竹大曲为代表的川酒风靡全国。在漫长的历史演变过程中，四川白酒与文人墨客结下不解之缘，留下数不胜数的千古诗篇和"流杯池"这样的怀古遗迹，川酒是过去社会交往必不可少的"润滑剂"，与天府礼仪文化息息相关，形成独具特色的川酒文化。它是四川地区人民情感表达的载体，与人们的喜乐密切相关，也是天府文化的代表符号。

3. 川茶文化

四川被视作中国乃至世界栽植、制造、酌饮茶叶的发源地之一，川茶自秦汉兴起，具有悠久的历史，主要产区在雪山与盆地的交界地，昼夜温差较大，因而保留了独一无二的甘香。川人饮茶分两类，一是居家饮茶，二是茶馆饮茶。清末民初，人们购买茶叶用于居家待客或自饮，居家饮茶使用的茶具包括茶壶、茶杯、茶盘、茶几等，也有人用锡壶装茶。在四川，茶馆随处可见，茶馆的形式包括但不限于茶摊、茶坊、茶园、高档茶座，但不论是哪种形式，几乎都以竹椅、方桌、盖碗、老虎灶和紫铜壶为固定的配置，盖碗茶由盖、碗、托组成，喝盖碗茶时，应掀起茶盖拂去茶水表面的茶叶，再轻轻地喝一口茶水。长嘴铜壶茶艺源于四川，结合武术、舞蹈、音乐等，不但有实用性，还具有较强的观赏性。在旧社会，茶馆可以调解社会纠纷，发生纠纷可至茶馆评理，让调解人评议，如双方都有责任，就一人付一半茶钱，若一方有不是，就认输道歉并付茶钱。此外，三教九流都能聚于茶馆洽商买卖、探听商情、看货交易，部分茶馆或多或少还兼做饭馆和旅店的营生。在现代社会，茶客们在茶馆可以"打围鼓"（川剧坐唱）、听清音、逗鸟、打盹、摆龙门阵、掏耳朵、擦皮鞋等，享受工作之余的"慢生活"。

4. 川菜文化

川菜是中国八大菜系之一，历史悠久，发端于秦汉，唐宋时川菜已发展成

---

① 刘琳. 华阳国志校注 [M]. 成都：巴蜀书社，1984：28.
② 转引自张曙光. 走进云阳厚重文化中的历史符号——龙洞董家坝[EB/OL]. (2020-06-08) [2021-05-09]. https://www.yunyangwang.com/content/2020-06/08/content_10021223_0.htm.

中国独具特色的一大菜系。到了清代，川菜味型增加，菜品愈加丰富，烹调技艺日臻完善。加之四川地区湿度高、日照少，麻、辣、烫利于减少湿气，刺激味蕾，使人兴奋，因而川菜味型种类繁多，千变万化，尤其以麻、辣、烫、嫩、鲜见长。辣可分为香辣、麻辣、咸辣、酸辣、冲辣、大辣等，味型可分为鱼香味、豆瓣味、荔枝味、咸鲜味、酸辣味等50余种，烹饪体系成熟。如今，川菜经历了2000余年的变化，已拥有4000多种菜式、百种名菜，形成了蜀地独一无二的川菜文化。例如，九斗碗是四川地区传统特色佳肴之一，"斗"在四川方言中是大器皿的意思，九斗碗意为菜多量足，又因其多设于农家院坝，也被称作坝坝宴。四川农村地区结婚、生子、建房时，会设宴邀请亲朋好友前来庆祝，也称为"吃九斗碗"，即每一桌有九碗菜，九也有了天长地久、九九长寿等吉祥的寓意。川菜大多形色俱佳，烹饪技法精细，讲究火候，刀工极佳。

川菜集各地菜式所长，擅于用辣，口味多变，有"一菜百味，百菜百味"的美称。川菜能上大雅之堂，也能下普通厨房，覆盖了不同层次的消费群体，因此广受欢迎。不同地区的川菜各具特色，形成了上河帮、小河帮和下河帮三大流派。上河帮以成都为中心、乐山为副中心，区域范围为成都全境、绵阳、德阳、广元、雅安、乐山、眉山，烹饪注重口味和谐，味型丰富，长于凉卤和红油，南部擅藤椒味；小河帮以自贡为中心、内江为副中心，也被称作盐帮菜，区域范围包括自贡、内江、泸州和宜宾，烹饪擅用鱼、兔、鸭、鹅、蛙等食材，口味重辣、重油，少用红油，麻味轻，口味特色为以辣提鲜；下河帮也被称作江湖菜，其中心在重庆，以万州、达州、涪陵、南充为副中心，区域范围包括重庆、南充、遂宁、达州、广安和巴中，烹饪特点为用料大胆，味型浑厚，擅用内脏和泡椒、酸菜，做法较粗犷。

三、天府物质生活民俗的特点

物质民俗是"人民在创造和消费物质财富过程中所不断重复的、带有模式性的活动，以及由这种活动所产生的带有类型性的产品形式"[①]。天府物质生

[①] 钟敬文. 民俗学概论［M］. 2版. 北京：高等教育出版社，2010：6.

活民俗的特点取决于四川民众生活习俗的产生、发展和演变，具有集体性、传承性与扩布性。

（一）集体性

集体性是物质生活民俗的基本和本质特征。天府物质生活民俗文化孕育于母系社会时期，完善于村落、城镇出现时期。集体活动能凝结群体智慧，促进天府物质生活民俗文化的产生与完善。例如，川菜文化在刚刚形成时，结构和内容比较简单，未形成完整体系。后来历经多年的发展演变，才形成完整的川菜体系。民俗结构与内容的完善正是集体劳动的结果。

（二）传承性

传承性指天府物质生活民俗在时间上流传的连续性，即历史的纵向连续性。"德国民俗学者提出，'传承'至少要有三代以上的证据，按'系谱推定法'推定，这当在 70 至 100 年左右。"[①] 同时，天府物质生活民俗具有教化的功能，人们从天府物质生活民俗文化中得到的是祖先留下的技术或知识，并且这种教化也是在潜移默化中进行的。

（三）扩布性

扩布性指天府物质生活民俗在空间延伸上的扩张性，是民俗文化的横向传播过程。天府物质生活民俗的扩布性是有选择和条件性的，形成时间较早的天府物质生活民俗，扩布的地域和民族范围相对广阔，形成时间较晚的天府物质生活民俗，扩布的地域和民族范围相对狭小。就川菜文化而言，在经历 2000 余年的发展后，为天府人民所接受，并开始向其他地区传播，这种民俗的传递体现了天府物质生活民俗的扩布性。

---

① 钟敬文. 民俗学概论 [M]. 2 版. 北京：高等教育出版社，2010：12—13.

第二节 天府社会生活民俗

一、天府社会生活民俗的内涵

天府社会生活民俗也是社会组织习俗或社会制度习俗,指在一定条件下人们在天府地区产生的社会关系的实践活动,从个人到家庭、家族、乡里、民族的连结、往来进程中,它触及从应用到承袭的特殊行为方式。在生产力低下的原始社会,先民既从自然界获取生活保障,又不时遭受变幻莫测的自然侵害,试图通过信仰的形式和手段把异己力量转化为顺己力量,以此协调人与自然的关系。天府社会生活民俗是指在天府地区的物质文化与制度文化基础上产生的与意识形态有关的民俗。这是人们在理解、改造自然和社会进程中形成的一种特殊的心理经验,这种经验一旦变成天府人民集体的心理习惯,就会成为天府社会生活民俗。

二、天府社会生活民俗的种类

天府社会生活民俗可分为天府民间传统礼俗、天府民间传统节祭俗。天府民间传统礼俗和天府民间传统节祭俗是社会性活动,产生于人民的生活中,具有纪念价值与民俗价值,能满足人民的纪念心理和传承民俗事项的需求。天府民间传统礼俗主要包括四川传统婚丧嫁娶习俗和祠堂活动;天府民间传统节祭俗由天府民间传统节俗(春节、清明节、端午节等)和天府民间传统祭俗(人日草堂颂诗、太白长寿会等)组成。

(一)天府民间传统礼俗

1. 四川传统婚丧嫁娶习俗

天府地区的婚丧嫁娶习俗是有关意识形态方面的民俗,其形成与天府地区的物质文化与制度文化密切相关。该地区汉族的传统婚嫁程序一般包括纳采

（议亲）、问名（求问生辰八字）、纳吉（订婚）、纳征（送聘礼）、请期（订结婚日）、亲迎（举行婚礼）六大阶段，俗称"六礼"。男方家请媒人到女方家说媒，将双方生辰八字找算命先生推算，如果八字相生，就可以"回拜帖"、"换庚"、"开庚"、订婚、"送聘礼"等，当男方将结婚的日子选定后，用抬箱装着备办的礼物，随媒人一道到女方家，通报结婚的具体时间，这一程序又叫"请期"。在结婚前一天，男方正式给女方家送聘礼，俗称"过礼"。迎亲当天新娘要哭嫁，男方请亲友组成庞大的迎亲队伍，雇请花轿、吹鼓手等，高举彩旗，一路吹吹打打地去迎亲。

丧葬习俗为人生的最后一个礼仪，孔子在《论语·为政》中有云："生，事之以礼；死，葬之以礼，祭之以礼"，因而丧葬礼仪就成了人们尽孝的一个重要表现。根据川人习俗，亲人病危时，在屋外路边用一竹竿挂一小块红布，外人不得来串门，以免带走病人魂魄；父母弥留之际，子孙必须在其身边，为其"送终"；去世后要到屋外坡上，挥舞死者的衣帽并呼喊其名字，谓之"招魂"；要烧纸钱灰，并用瓦罐单独装起来，称"衣路钱"，同死者一起入葬；此后要"披麻戴孝"，一般来说"五服"以内的亲属都要换上孝服，头上包白布（孝帕），孝帕之上戴"麻冠"，孝服外再穿粗麻布背心，鞋子也要包上一层白布；灵柩停放因财力、季节的不同有所不同，一般3天或7天，但必为单数，双数被视为不吉；最后请阴阳师看风水、选择墓地安葬。

2. 四川祠堂活动

祠堂是族人祭祀祖先或先贤的场所，在这里可以进行族谱编撰、祭祀祖先、族内议事等活动。四川有独特的移民背景，不仅有单姓祠堂，还有多姓祠堂，如眉山仁寿有"罗、杨、魏、余、李"五姓祠堂。四川祠堂还会举行诸如祭祖、奖惩族人、办学助学等活动。各个族别祭祀祖先的日期有差别，例如广元宣河的王氏祠堂在每年的农历七月半祭祖，活动持续3天；成都武侯祠的祭祀活动一般在早春时节开展。

由于战乱等原因，四川的祠堂活动不如江浙一带丰富，祭祖仪式后没有向乞丐分发食物等活动，一般也不会举行婚丧嫁娶活动。但其祭祀活动目前呈现出日益丰富的态势，每年春节，武侯祠会上演仿古祭祀大典，举办大庙会等活动，邀请四面八方的人民游喜神方、赏美景、品美食，享受春光。四川叙永李氏宗祠每年除了举办传统祭祀活动外，还为族中成年子弟举行集体冠笄典礼。

丰富多彩的祠堂活动传承了传统文化精髓，紧跟时代发展之脉搏，让优秀传统礼俗得以发扬光大。

（二）天府民间传统节祭俗

1. 天府民间传统节俗

（1）四川春节习俗。

春节是由上古祈岁祭祀演变而来，是集除旧布新、拜神祭祖、祈福辟邪、亲朋团圆、欢庆娱乐等为一体的民俗节日。川人年前会杀年猪、灌香肠、腌腊肉。腊月二十四，人们开始用长杆打扫屋顶的蜘蛛网或灰尘，叫"打扬尘"，当晚要焚香、点蜡、烧纸钱，请灶神来家里过年。接着贴门神、春联，制作红糖汤圆。大年三十，家人欢聚一堂，先祭祖再吃年夜饭。年夜饭菜品种类丰富，麻辣香肠、腊肉、烧白等都是特色菜品。一家人聚在一起，一边品尝美食，一边摆龙门阵、守夜。大年初一，吃汤圆，祈求团圆，去庙中烧头香，抢银水（早起担井水），从初一开始，川人扶老携幼赶大庙会、逛花会、看灯会。大庙会是娱乐项目的嘉年华；花会是传统的节日盛会，有千余种鲜花供人们观赏；灯会璀璨烂漫，包含猜灯谜等活动。大年初二，相继走人户（亲戚之间相互串门），三五好友开始相约轮流坐庄，吃"转转会"（按照约好的顺序安排饭局或牌局）。正月十五元宵节是新年的首个月圆之夜，一般有吃元宵、猜灯谜、赏花灯、耍龙灯、舞狮子、放天灯等庆祝活动。放天灯也叫放孔明灯，用毛笔在纸上书写心愿，将灯放飞。当天晚上，川人会趁着月色去别人的地里偷一些绿色蔬菜，寄意为偷一些别人的好运，叫"偷青"。

（2）四川清明节习俗。

清明节是我国传统文化节日之一，距今已有两千余年历史，清明节也叫"三月节"，农历三月气温回暖，雨量增加，利于春耕。清明也是祭祀先祖的节日，相关民俗有祭祖、扫墓、禁火等。

如今四川清明节活动除扫墓外，还有踏青、放风筝、荡秋千等，川人还会在当日吃清明粑，这一习俗与"寒食节"有关，寒食节不能生火做饭，只能吃冷食，人们就将清明前后时令的艾草汁调入糯米粉或面粉里，围裹不同的馅料蒸好后留待寒食节食用。最早制作清明粑的目的是将最原生态的食品献给祖先，这一特色民俗延续至今。

（3）四川端午节习俗。

每年的农历五月初五是端午节，是集拜神祭祖、祈福辟邪、特色饮食为一体的民俗节日。传说战国时期楚大夫屈原于农历五月五日投汨罗江而死，百姓哀之，包粽子扔入水中，不让屈原肉身被鱼类啃噬。

俗话说："端午门挂菖蒲草，熬锅艾蒿洗水澡。"到如今人们除了要吃粽子，还要赛龙舟、佩香囊、悬挂艾叶菖蒲、熏苍术和白芷、挂钟馗像、拴五色丝线、喝雄黄酒，以驱除瘟疫、辟邪并纪念屈原。按照传统习俗，端午节时川人要用硫黄、白矾、花椒、艾草等煎水洗澡，以避免蚊虫叮咬、治疗皮肤病。所以有端午当天购买菖蒲、艾叶，并将之挂在大门两侧的风俗。艾叶、菖蒲是中草药，具有杀虫灭菌、驱蚊醒脑的作用；用菖蒲作剑，插于门旁，据说有驱魔赶鬼之神效。

四川还会在端午节举行赛龙舟、抢鸭子的活动，将数百只鸭子抛入水中，裁判员一声令下，参赛选手从四面八方向鸭群游去，争抢鸭子，寓意捧回佳节好彩头。端午节时，川人会吃鸭肉、咸鸭蛋，在炎炎夏日到来之际，鸭肉和咸鸭蛋性微寒，有滋阴、清肺、避暑祛毒的功效。

（4）四川中秋节习俗。

中秋节又称"月夕""秋节""仲秋节"等。农历八月十五是三秋之半，民间流传着嫦娥、玉兔、吴刚等传说，中秋节因此得名。古时人们认为中秋夜的月亮最大最圆最亮，所以从古至今都有中秋节赏月的民俗。中秋节期间，正值农作物丰收，人们常常用月饼、瓜果祭神并庆祝丰收。与中秋节有关的传统民俗活动有拜月、吃月饼、祭祀土地生日、占卜、送瓜祝子、赏月、斗蟋蟀、养蝈蝈等。

四川地区制作的月饼也称川饼，擅于将川菜元素与月饼元素融合，以鸡丁、腊肉、辣虾做月饼馅料，用酥皮做饼皮。传统的中秋节习俗能让川人在欣赏花好月圆美景的同时，增进亲人之间的感情，寄托人们对美好生活的向往。

2. 天府民间传统祭俗

（1）人日草堂颂诗。

"人日"，即每年的农历正月初七，也称"人日节"或"人胜节"。传说女娲初创世，在造出了鸡、狗、猪、羊、牛、马等动物后，在第七天造出了人，所以这一天是人的生日。从宋代开始，大批文人墨客在这一天相聚杜甫草堂祭献杜甫；明朝，蜀王朱椿也在这一天祭祀杜甫。《修杜少陵草堂以陆放翁配飨记》有云："以涓吉日，以中牢祀先生（杜甫）。"中牢就是猪和羊，这些文字记录表示当时猪和羊是祭祀杜甫的祭礼，可见场面十分盛大，杜甫的祭祀活动日久岁深。①

(2) 太白长寿会。

唐代著名浪漫主义诗人李白出生于蜀郡绵州昌隆县（今四川省绵阳市江油市青莲镇），江油民间为了表达对李白的尊敬，常开展祭祀活动，太白长寿会就是民间祭祀活动中最典型、内容最丰富的一种。太白架、高台戏、纸高台及彩灯是太白长寿会的亮点。太白架是太白长寿会巡游的重点，为木雕四方七层塔，高约2.5米，各层分别供奉李白、玉皇大帝、太乙真人、魁星等；高台戏是在高台上表演川剧或民间传说；纸高台是指用彩纸扎出的九台川剧人物造型；彩灯以九莲灯为特色，九灯串联，有祈福寓意。太白长寿会以青莲镇为中心，祭祀时间长，一般从上年冬月开始，到下年正月结束。祭祀活动分为前期筹备、活动预热和集中巡游三个部分。前期筹备，即选出场上会首和乡下会首，负责筹划祭祀活动并筹集经费。活动预热，即负责人组织迎春庙会、狮灯巡游、戏剧与舞龙表演等活动，集聚人气。集中巡游一般分为上午巡游和夜间巡游，上午巡游是祭祀活动的重心，包括彩灯、民乐乐队、高台戏、太白架、仪仗队等，组成巡游行列，走遍青莲镇的大街小巷，吸引观赏者；夜间巡游以放焰火为主，直至夜深将彩灯集中焚化，结束活动。

(3) 三月三祭彭祖。

彭祖山位于四川省眉山市彭山区东北部，相传，彭山以前发生疫疬，商朝大夫彭祖和他的三女儿彭三娥曾采药救人，所以每年农历三月初三彭三娥生日当天，人们都去彭祖山祭拜，以示感恩，当日也被称为三月三朝山会。明清时期，朝山会上开始举办纪念彭祖和彭三娥的活动。民国时期，朝山会补充了"抢童子、送童子"的新活动，就是让人扔下木雕童子像，家里没有孩子或孩子身体不好的人将童子抢回家供奉，以求人丁兴旺。除了参与这些活动，人们还能在彭祖山游玩踏青，游览彭祖祠、彭祖墓、彭祖炼丹洞、玉女洞、拜碣石

---

① 曾洁. 成都市民草堂吟诗赏梅过"人日" 明蜀王朱椿开祭祀杜甫先河[EB/OL]. (2019-02-11)[2022-08-25]. https://baijiahao.baidu.com/s?id=1625144074596382725&wfr=spider&for=pc.

等历史遗迹。据传，彭祖活了800岁，彭祖山有999个阶梯，99个平台，寄意为"久久长寿"。目前，彭祖山还开发了彭祖书院、彭祖居膳食术馆、彭祖文化中心等养生文化体验新场景，让人体验健康养生的生活方式，在寓教于乐中承继非物质文化遗产。

(4) 梓潼县文昌祭祀。

文昌祭祀是在文昌信仰的过程中逐渐形成的一种民俗文化活动。文昌祭祀有道教祭祀、官方祭祀和民间祭祀三种形式，每种祭祀方式都有不同之处。道教祭祀有较为复杂的祭祀科仪，祭祀前要设道坛，道坛前供奉"虚无自然三清三境三宝天尊""九天开化七曲文昌宏仁帝君更生永命天尊"神位。道坛对面是对坛，供奉"先天御前持心护道三五火车王天君威灵显化天尊""文昌佐理应感一切威灵""三界功曹四值使者"神位。道坛两边是经师、高功、二科，他们在开坛曲中入坛，其中经师从师门进，打三恭后回到经师位。经师所用的乐器有鼓、铙、铛、磬、碰铃、木鱼等。① 官方祭祀分为春秋两祭，春祭一般在文昌帝君的生日（每年农历二月初三）举行，秋祭于文昌成正果之日，也就是每年农历八月初一举行，春祭仪式与秋祭仪式基本相同，增加秋祭的目的是丰富文昌祭祀活动的内容，扩大祭典的影响力。民间祭祀是三种祭祀方式中历史最悠久、形式最多样、内容最丰富的祭祀方式，如文昌扫荡、迎神会、春秋庙会等大型活动。由于百姓的尊奉、道教的弘扬和封建帝王的加封，在文昌帝君由人到神的变化过程中，祭祀活动规模越来越浩大、内容越来越丰富。

三、天府社会生活民俗的特点

天府社会生活民俗的特点与天府地区在物质文化与制度文化基础上形成的意识形态有关，具有时间性、伴生性与民族性。

（一）时间性

部分天府社会生活民俗活动只能在特定的日期或时间段进行。传统节俗如

---

① 参见非遗网 https://www.feiyiw.cn/mobile/index.php?act=view&app=article&article_id=19419

春节和端午节一般在农历正月初一和农历五月初五开始,传统祭俗如人日草堂颂诗的相关活动一般在农历正月初七进行,而太白长寿会巡游、三月三祭彭祖则分别在农历正月十六、农历三月初三举行。

(二)伴生性

天府社会生活民俗的伴生性是指一些社会生活民俗活动不是单独的娱乐活动,而是相生相伴、不可分离,例如,春节的举办总是伴随着贴春联、画年画、剪纸和放爆竹等活动;人日草堂颂诗的开展总是伴随着草堂祭圣、祈福赏梅等活动;太白长寿会的开展总是伴随着迎春庙会、狮灯巡游、戏剧演出、舞龙表演等活动。

(三)民族性

四川是以汉族为主、多民族杂居的省份,天府社会生活民俗具有民族性的特点,即各民族既有着相同的社会生活习俗,又有着各自特有的社会生活习俗。例如,四川多数地区按农历欢庆春节,而阿坝、甘孜等藏族聚居区过藏历新年,凉山地区则过彝族新年;又如,四川汉族地区有赶庙会的习俗,而阿坝、甘孜地区除了赶庙会外,还有"耍坝子"。

第三节 天府精神生活民俗

一、天府精神生活民俗的内涵

天府地区地域辽阔,人口众多,人们在拥有基本的物质生存条件的基础上创造出种类多样的精神生活民俗,为丰富和发展天府地区文化及中国文化做出了巨大的贡献。先民们在长期的精神生活实践中,以艺术形式创造了美,我们称其为天府民间艺术;为满足人们调节情绪、休闲娱乐的需要,发展出供人民消遣休闲、调剂身心的天府民间传统娱乐。天府精神生活民俗展现出天府地区人民的创造力和对生活的热爱。

第一章
天府民俗文化概述

二、天府精神生活民俗的种类

天府精神生活民俗可分为天府民间艺术、天府民间传统娱乐。天府民间艺术在天府地区的岁时节日、人生仪礼和民间信仰活动中发挥着重要作用。天府民间传统娱乐是人们满足了基本物质需求后开展的放松身心的健康活动，具有独特的魅力。天府民间艺术包括川剧、四川民歌、四川清音、四川评书、谐剧、四川武术等。天府民间传统娱乐的典型代表有凉山火把节、自贡灯会、广汉保保节、广元女儿节等。

（一）天府民间艺术

1. 川剧

川剧又叫川戏，流行于川渝地区，是中国西南地区影响力最大的地方剧种。川剧历史悠久，剧目繁多，具有优秀的艺术传统和广泛的群众基础。川剧分为生、旦、净、末、丑五种角色类型，皆自成体系，尤以小生、小丑、小旦的表演最有特点。川剧在表现手法、表演技法上有良好创设，能表现中国戏曲虚实相生、遗形写意的特点。表演者创造了变脸、藏刀、钻火圈、开慧眼等绝活，生动有趣，成为川剧的亮点。川剧融汇了昆腔、高腔、胡琴、弹戏和四川民间灯戏五种声腔艺术，其中高腔最有创造力，以帮、打、唱结合的方式使戏剧与音乐充分连结，成为我国戏曲高腔音乐的卓越代表。高腔中最具特色的帮腔可以起腔定调，替代剧中人发言，具有反映剧中人的内心活动、表现剧中人的潜在情感、描绘环境、以第三人称方式对事件或人物做出评价等功能。川剧具有文化、艺术、历史、民俗等方面的研究价值，在中国戏曲史及巴蜀文化发展史上有特别重要的地位。

2. 四川民歌

四川民歌指四川各族人民自己创作并传唱的歌曲，带有浓郁的本地风情，曲调简单，朗朗上口，歌词通俗易懂。其风格大部分是热情奔放的，大方地展示朝气蓬勃的精神状态与精神面貌，抒发川人对生活的向往和喜爱，成为外地人了解四川的渠道之一。其特色在于每句领唱都要"挑"起来，每句落腔都要有一个倾向主音的下滑音和气口，节奏自由、似唱似说、似说非说。如《太阳出来喜洋洋》《康定情歌》《盼红军》《槐花几时开》等都是大家耳熟能详的四川民歌曲目。

3. 四川清音

四川清音有300余年历史，源于明清时期的俗曲及四川民歌，用四川方言演唱，旋律丰富，唱腔优美。演唱者多为女性，表演时一手击竹鼓，一手击檀板，自击自唱，用月琴或琵琶伴奏，所以又被称为"唱月琴""唱琵琶""唱小曲"。四川清音有单曲体唱腔，也有"月调""背工""马头调"等联曲体唱腔，还有板式变化体的"汉调"和"反西皮"，共有200多个曲牌。目前，四川清音仍保留上百种曲目，传统曲目以《尼姑下山》《昭君出塞》《关王庙》《小放风筝》等为代表，五四运动后在新文化影响下诞生的新曲目以《佃客苦》《双探妹》《小丈夫》等为代表。

4. 四川评书、谐剧

四川评书也被称为白话演说、评话，形成于清朝咸丰年间，是四川省传统曲艺剧种之一。以演出风格分类，四川评书有"清棚"和"雷棚"两种风格。"清棚"以语言文采为重，一般说演"文书"；"雷鹏"以语气节奏为重，一般说演"武书"。以话本不同的渊源分类，四川评书有"墨书"和"条书"之分。"墨书"是由《三国演义》和《水浒传》等小说改编而成；"条书"是自创的评书表演，如《金鸡芙蓉图》和《铁侠记》等。在表演形式方面，四川评书为一人口头评说，以折扇、手帕等道具为辅助；在内容方面，四川评书内容幽默有趣，极具巴蜀文化特色，如李伯清散打评书。评书来自民间，经久不衰。

四川谐剧是介于曲艺与戏剧之间的艺术样式，因其擅用诙谐的四川方言来讲道理，所以被称为"谐剧"。谐剧是由一位演员扮演一个角色或多个角色，完成一场表演，其他人物则利用演员的表演动作与表情展示他们的存在，形式类似于单口相声和单簧。四川曲艺名家沈伐在1986年央视春晚表演的谐剧《零点七》就是其中的经典作品，塑造了一位在走穴时讨价还价的川剧旦角演员小凤鸣的形象，表演惟妙惟肖。四川谐剧语言朴素有味、构思巧妙、立意独特、文学性强，有较强的感染力。

第一章
天府民俗文化概述

5. 四川武术

四川武术包括峨眉武术、青城武术等。峨眉武术发祥于四川峨眉山地区，相传起源于春秋战国时期，到南宋时形成了比较系统的理论结构，后来流行于天府地区，是中国的非物质文化遗产之一。峨眉武术讲究刚柔并济，内外兼修，动作快慢相间，似柔而刚。据1983年国家体育总局对四川峨眉武术的挖掘整理，其有68个门派和1942种徒手、器械、对练套路及练功方法和技击项目，是中华武术三大流派之一。

青城武术起源于中国道教圣地四川青城山，是中国古代武术门派之一，受道教影响大，因而其中道家武术比例较大。青城派以玄门太极和剑术见长，玄门太极拳法自成体系，而剑术直追天师张道陵之"雌雄剑"，以啸云剑、七星剑、龙虎剑、八仙剑等扬名天下，是中华四大剑派之一。

（二）天府民间传统娱乐

1. 凉山火把节

农历六月二十四日的火把节是凉山彝族地区最重大的节日，独具民族特色。在节日当天，凉山彝族的男女青年在村里的大火把旁歌唱、跳舞；节日期间，还会开展赛马、斗牛、射箭、拔河、摔跤、贸易集市等各种娱乐活动。

2. 自贡灯会

唐宋年间，自贡地区就有新年赏灯的习俗。到20世纪初，自贡灯会逐渐发展成集西南地区民风、民俗之大成的灯会，其中最著名、场面最宏大、灯彩最丰富的当属每年的元宵灯会。自贡的彩灯独具特色，制作精细、用料独特、构思巧妙，制作彩灯的原材料有瓷器、玻璃瓶、蚕茧、细竹篾、扎染布、丝绸等，制成的彩灯五颜六色，异彩纷呈，是中华民族彩灯文化中的艺术瑰宝。

3. 广汉保保节

广汉保保节距今已有300多年的历史，起源于广汉市雒城，是当地具有特色的民俗活动。四川、陕西、贵州等地的民谣有云："正月十六游百病，游了百病不生病。"每年的正月十六，人们要出门游玩，叫"游百病"。在广汉，每到这一天人们都要出门游玩，并折柏树上的一根枝丫插在帽檐，喻"百事顺遂""百病不生"之意。而外出游玩的一项重要活动就是为孩子拜干爹，结干亲家，即"拉保保"，保佑孩子健康长寿、鹏程万里。每年的保保节当天，广汉及周边县市的市民、各地的游客都会慕名来到广汉房湖公园及金雁湖公园参与保保节活动。而今保保节已经不含为孩子"保关煞"的陈旧意义了，而成为人们沟通思想、联络感情、关心下一代成长的特殊节日。

4. 广元女儿节

正月二十三是中国历史上唯一的女皇帝武则天的生日，武则天出生在利州（今四川广元），每年的这一天，广元当地的女性都会穿新衣、戴新饰，邀请朋友们沿河湾游玩，以求祥瑞。1988 年，广元市将每年 9 月 1 日定为"女儿节"，并为女儿节的开展举办开幕式。2022 年的女儿节活动，围绕"女性"主题开展凤舟赛、相约广元·情定昭化相亲大会、武则天女子文学大会等活动。时至今日，广元女儿节从最初单纯的祭祀武则天、荡舟河湾，已延伸出了凤舟赛、主题演讲、彩船巡游、女子篮球比赛、相亲大会等相关活动，全方位展示新时代广元女性风采，成为综合性的节庆活动。

三、天府精神生活民俗的特点

天府精神生活民俗有维系氏族内部关系、规范人民思想和丰富人民精神生活的功能，具有原始性、维系性与调节性的特点。

（一）原始性

天府精神生活民俗的历史悠久，最早可以追溯到天府地区的社会形成初期，虽经历了多次传承和变异，原始民俗依旧存在。作为天府民间艺术的川剧、四川民歌、四川清音、四川评书、谐剧、四川武术与作为天府民间传统娱乐的凉山火把节、自贡灯会、广汉保保节、广元女儿节等，在经历历史变迁后依然保留下来，成为天府地区的精神生活民俗。

（二）维系性

天府精神生活民俗在协调民族内部关系与增强民族凝聚力方面起着重要作用。民间艺术和民间传统娱乐，满足了民众日常社交、娱乐等需求，能团结大众、加强民族认同感。凉山火把节、自贡灯会和广汉保保节等在举行期间都会开展丰富人民精神生活的娱乐活动，这些娱乐活动增强了人们对民族文化的认同感和向心力，能很好地维系人与人之间的情感。

（三）调节性

天府精神生活民俗使民众在现实生活中的愿望通过艺术、娱乐等方式得到满足。天府民间艺术与天府民间传统娱乐不仅让民众暂时从劳累的生活中解脱出来，让人们可以宣泄日常生活中被压抑的情感，还丰富了民众的精神生活，有助于提高审美水平，激发创造力，促进生活和生产。

第二章 天府民俗文化网络视频"一带一路"传播现状

第一节 天府民俗文化网络视频类型

作为一种新兴的媒介形态,网络视频具有"网络"与"视频媒体"的双重特点,其概念可界定为:用户可以运用浏览器、客户端应用软件(包括 PC 及移动客户端)以及影音播放软件等,在网络平台上观看、下载的流媒体影音媒体。从媒介认知层面上看,网络视频是基于流媒体技术发展衍生出来的一种媒介形式,从技术层面上打破了传统意义的媒介传播方式。网络视频整合了图书、杂志、报纸、广播、电视、电影等传统媒体的优势,给用户带来全方位的视觉感受。

天府民俗文化网络视频类型多样,经过分析归纳,可以从视频内容、视频制作主体、视频特质、视频时长、视频创作形式、视频艺术形式等几个方面进行细分。

一、基于视频内容的天府民俗文化网络视频类型

根据民俗学者钟敬文在《民俗学概论》中对民俗的分类,我们可以将天府民俗文化网络视频以内容为维度,分为物质民俗网络视频、社会民俗网络视频、精神民俗网络视频。

第二章 天府民俗文化网络视频 "一带一路" 传播现状

（一）物质民俗网络视频

这类视频从天府物质民俗中选取题材，如四川竹编、四川蜡染（扎染）、蜀绣、蜀锦、羌绣等，通过镜头语言展示其产生的历史背景、发展历程；展示其工艺特点、传承人的匠心；展示工艺传承的艰辛历程；展示民俗工艺品的精美等。

（二）社会民俗网络视频

这类视频从天府社会民俗中选取题材，通过镜头语言展示社会民俗场景，如四川各族人民过新年、赶庙会等民俗节庆活动，或讲述民俗形成的渊源以及社会民俗中老百姓的故事、老百姓的情感等。

（三）精神民俗网络视频

这类视频从天府精神民俗中选取题材，通过镜头语言展示天府民间艺术表演场景、天府民间传统娱乐活动场景，讲述民间艺人的点点滴滴，讲述民间艺术传承的动人故事，形成展现巴蜀大众精神风貌、尚美情趣的网络视频，面向大众实现线上传播。

二、基于视频制作主体的天府民俗文化网络视频类型

从网络视频的制作主体角度对天府民俗文化进行分类，主要可以分为 UGC、PGC、OGC 三种。

（一）UGC

UGC（User-Generated Content），即用户生产内容，泛指以任何形式在网络上发表的由用户创作的文字、图片、音频、视频等内容，是 Web2.0 环境下一种新兴的网络信息资源创作与组织模式。它的发布平台包括微博、博客、视频分享网站、维基、在线问答、SNS 等社会化媒体。例如"最美家常菜刘凯"在微博发布的天府民俗文化中的"川菜"文化相关视频就是典型的用户生产内容（如图 2-1 所示）。

图 2-1　川菜夫妻肺片教程截图

（图片来源于"最美家常菜刘凯"微博网页版）

（二）PGC

PGC（Professional-Generated Content），即专业生产内容，生产创作主体由专业精英构成，其发展历程早于 UGC，生产程序偏向专业性，内容质量可控性更强，对生产者知识背景和专业资质的要求较高。社会化媒体兴起后，部分专业内容生产者既是平台的用户，也以专业身份贡献具有一定水平和质量的内容（如资深用户的点评）。在内容创作方面，体现出更加专业化、优质化、垂直化、具有平台核心价值的特征。例如四川博物院在微信、微博、YouTube 等平台上发布的天府民俗文化网络视频就是典型的专业生产内容（如图 2-2 所示）。

第二章
天府民俗文化网络视频 "一带一路" 传播现状

图 2-2　四川博物院在微博平台发布的部分内容截图

（图片来源于四川博物院微博网页版）

（三）OGC

OGC（Occupationally-Generated Content），即职业生产内容，主要指雇佣具有一定知识和专业背景的行业人士生产内容。其生产主体主要是来自相关领域的职业人员，他们对内容产出严格把控，尽力满足用户对内容的需求，其创作行为属于职责义务，是履行人事契约的体现。例如《四川日报》、《成都商报》、CGTN等传媒机构发布的天府民俗文化网络视频就是典型的职业生产内容。

三、基于视频特质的天府民俗文化网络视频类型

基于视频特质的天府民俗文化网络视频可以分为生活记录类、政务类、创意技术类。

（一）生活记录类

生活记录类视频一般出现在抖音、快手、微博等网络视频平台，通常有两大主题：展示生活和搞笑段子。该类视频大部分是普通用户生产的内容，生产门槛和拍摄成本较低，因其内容具有平民性、趣味性而深受观众的喜爱。如在微博中，博主"阿波的幸福生活"发布了关于四川农村坝坝宴的一则视频，累

计播放量相当可观（如图 2-3 所示）。

图 2-3　四川农村坝坝宴视频截图

（图片来源于"阿波的幸福生活"微博网页版）

（二）政务类

政务类视频是以网络为传播媒介，用平民化视角传播党和政府政务工作，以疏通政务服务通道为宗旨的政务新媒介形式。官方政务账号以正能量宣传、公益形象宣传、知识普及、社会实事为主要发布内容，内容传播上专业性与趣味性相结合，轻松有趣的叙述代替了严肃、刻板的说教，能在较短的时间内为受众带来强烈的情感冲击。例如，锦绣青羊、绵竹文旅产业发展等政府媒体在各大视频平台发布的视频有力地传播了天府民俗文化（如图 2-4 所示）。

图 2-4　文殊院腊八节庙会活动的视频截图

（图片来源于锦绣青羊微博网页版）

（三）创意技术类

创意技术类视频具有相对独特性，跟一般的 UGC 相比，创作门槛和技术要求较高，一般是由具有专业艺术水平和专业短视频拍摄水平等综合能力的"民间高手"进行创作。比如美食视频博主李子柒在国内外各大平台展示的蜀绣技艺，将蜀绣的制作过程拍摄得极具艺术性、观赏性和文化传播价值（如图 2−5 所示）。

图 2−5　蜀绣技艺展示截图

（图片来源于李子柒微博网页版）

四、基于视频时长的天府民俗文化网络视频类型

中国互联网络信息中心发布的第 48 次中国互联网络发展状况统计报告按照视频时间的长短，将网络视频节目分为长视频、短视频和中视频。长视频，又称综合视频，主要指网络剧、网络综艺和网络电影等，时长一般在 30 分钟以上；短视频的时长一般控制在 5 分钟以内；中视频的时长一般在 5～30

分钟。①

（一）短视频

短视频是一种视频长度以秒计数，时长在 5 分钟以内，主要依托移动智能终端实现快速拍摄与美化编辑，可在社交媒体平台上实时分享和无缝对接的新型视频形式。② 如国外的 Instagram、Facebook 等，国内的微视、秒拍、抖音、快手等。"秒计特点决定了短视频大多是片段式的，不追求叙事的完整性和系统化，因此它更擅于表现细节和细微的情感情绪。"③ 传播天府民俗文化的网络视频主要是短视频，碎片化的传播方式有助于吸引国内外观众的注意力。

（二）中视频

中视频的时长通常在 5~30 分钟，通常被认为是"被拉长的短视频"。目前，中视频以知识类内容为主，涉及时政、财经、体育、时尚、生活等，一般是以横屏的形式播放。由于用户观看时长要远远大于短视频，因此中视频的用户黏性较高。此外，中视频的制作水平要求高于短视频，选题范围得以扩展，这也弥补了短视频在内容上的不足。在 YouTube 中，视频博主"老饭骨"发布了一则时长为 10 分 30 秒的《国宴大师·豆瓣鱼》的川菜教学中视频，在视频中分享了数个关于做川菜豆瓣鱼的小妙招，吸引了众多网友的观看，并且获得了大量点赞，立体性地展示了天府民俗文化中的川菜文化（如图 2-6 所示）。

---

① 中国互联网络信息中心. 第 48 次中国互联网络发展状况统计报告[EB/OL].（2021-09-15）[2022-11-10]. https://www.cnnic.net.cn/NMediaFile/old_attach/P020210915523670981527.pdf.
② 依琰. 短视频市场规模持续扩大 [N]. 中国商报，2020-11-03 (5).
③ 刘磊. 媒介环境学视角下短视频传播的场景规则 [J]. 当代传播，2019 (4)：82.

第二章
天府民俗文化网络视频 "一带一路" 传播现状

图2-6 《国宴大师·豆瓣鱼》川菜教学视频截图

（图片来源于博主"老饭骨"YouTube网页版）

（三）长视频

长视频指的是时长30分钟以上的视频，从字面的意思来看，长视频、短视频只是时间长短的差异，但其实长视频、短视频是两种不同的媒介生态，用户使用场景和消费形态有着很大的差异。对于短视频的用户来说，观看是为了得到一种即时性的心理补偿，即一种"即刷即得"的使用与满足。观看长视频的用户则需要花费整块的时间观看内容，获得相对完整、深入的内容观看体验和审美乐趣。在社交媒体时代，长视频是对用户有限的注意力的争夺，相较于短视频，更有利于建立起深入人心的品牌效应。

五、基于视频创作形式的天府民俗文化网络视频类型

(一)剪辑搬运类

剪辑搬运类视频指的是视频剪辑搬运师抓取需要的素材,通过搬运、拼接、配音等方式进行再创作,或将原视频按照切片的方式进行剪辑、拆分,使原本的视频成为一个或多个短视频,并且根据个人意愿在网络上多个平台发布的视频。为了满足人们快节奏和碎片化的观影需求,剪辑搬运类视频在很多网络平台较为常见。由于这类视频的传播具有迅速、广泛、隐蔽等特点,因此也容易陷入剪辑侵权的纠纷之中。在天府民俗文化网络视频的传播中,这类视频较为常见,例如,博主"幕斯"在微博中搬运了央视农业农村频道拍摄的一则关于年画节目的片段,利用 5 分 19 秒的视频重点展示了天府民俗文化中的绵竹年画文化,获得了极大的浏览量(如图 2-7 所示)。

图 2-7 幕斯剪辑搬运的《年画画年》视频截图

(图片来源于"幕斯"微博网页版)

(二)自拍街拍类

自拍即利用相机拍摄自己人像的照片。街拍是一种源于时尚杂志拍摄需

求、传递民间文化的街头文化活动，即拍摄对象与摄像师沟通之后进行的即兴表演。自拍、街拍目前已经成为人们表达个性的一种文化活动。在网络平台，众多用户通过自拍、街拍的方式来个性化地表达自己的观点，记录身边的所见所闻，以此展示和传播天府民俗文化。

（三）经验分享类

经验分享类视频指的是一些在某个领域拥有多年的研究心得，获得了丰富实践经验的博主，通过对观点的整合发表对某个事物的看法，以此来影响网络社群中的追随者的视频类型。这类视频与严肃的学术讨论会、学习课堂不一样，一般会通过丰富的案例、轻松愉悦的话语来吸引受众的注意力。在网络社群中，人们进入或退出某个社群的自由度高，通过社群来寻找适合自己的文化定位，更能够获得文化归属感。天府民俗文化网络视频中的经验分享类视频主要有川菜厨师以及羌绣、蜀绣等天府民俗文化的传承人在网络媒体平台中分享自己的手艺和坚守传承工艺的态度等。

六、基于视频艺术形式的天府民俗文化网络视频类型

艺术形式是艺术作品内部的组织构造和外在的表现形态及各种艺术手段的总和。基于视频的艺术形式，可将天府民俗文化网络视频分为以下四种主要类型。

（一）微纪录片类

微纪录片是以"真实生活为创作素材，以真人真事为表现对象，并对其进行艺术加工与展现的，以展现真实为本质，并用真实引发人们思考的电影或电视艺术形式"[1]。与传统的纪录片相比，微纪录片的时长较短，通常从较小的切口反映主题，能够使受众在短时间内获得丰富的视觉享受和情感体验。在碎片化时代，形式新颖、画面精美的微纪录片更容易受到国内外观众的喜爱。例

---

[1] 卢伟，张淼. 记录与纪录：记录性 Vlog 与网络微纪录片的边界探析［J］. 当代电视，2020（5）：65.

如，在 YouTube 上有一则关于四川道明竹编的微纪录片，该片并未直接介绍竹编文化，而是从一位因车祸致残的 67 岁竹编工匠对竹编技艺传承的故事入手，讲述了当地人对竹编文化的坚守与传承（如图 2-8 所示）。

图 2-8　《道明竹编：走进丁知竹竹艺馆，感受竹编文化中的生活美学》视频截图

（图片来源于四川广播电视台 YouTube 网页版）

（二）情景短剧类

情景短剧一般指的是将故事设定在一定情境下且有相对完整情节的小型戏剧作品。情景短剧有特定的主题、完整的故事情节、个性鲜明的人物角色，时长一般在 5 分钟以内，人们可以在闲暇时间进行碎片化观看。情景短剧类视频是一种常见的类型，在天府民俗文化的传播中，很多视频都是通过情景短剧进行传播的。

（三）技能分享类

技能分享类视频一般是指以分享技能为主要目的、以知识和经验讲解为主要内容的具有传播功能的、能让受众获得相应知识或技能的视频。在泛娱乐化时代，该类视频因为垂直化和实用性的特点受到很多人的喜爱。技能分享类视频将复杂的技能知识通过生动有趣的视频化形式传递给用户，用户可以更加便捷地学习到实用、有趣的技能。例如，在 YouTube 平台，有大量关于蜀绣技能教学、川菜技能分享等技能分享类视频，有力地将天府民俗文化传播至海外。

（四）网红 IP 类

以太研究院将"网红"定义为拥有人格化的网生形象，具备一定传播力和影响力，并能持续生产创作优质内容，有一定的商业变现潜力的群体。[①] IP 即 Intellectual Property，直译为"知识产权"，包括文学、电影、音乐等艺术作品。网红 IP 不仅仅是一个人物形象，更是一种人格品牌和情感纽带。近年来，网红 IP 层出不穷，比如因为一句"集美貌与才华于一身的女子"的"papi 酱"成为一个现象级网红 IP。在中国传统文化的传播中，李子柒也是一个现象级网红 IP。出生于四川绵阳的她在视频中常以天府民俗文化为主题进行创作。她在 YouTube 发布了《千年民俗蕴服章之美，蜀绣文化彰华夏礼仪》视频，该视频展示了她制作蜀绣的全过程，画面唯美，技艺娴熟，获得极大的播放量和点赞量（如图 2－9 所示）。

图 2－9　《千年民俗蕴服章之美，蜀绣文化彰华夏礼仪》视频截图

（图片来源于李子柒 YouTube 网页版）

[①] 以太投资. 网红行业研究：进击的短视频昭示网红新趋势[EB/OL]. (2016－06－13)[2022－10－25]. http://www.199it.com/archives/483691.html.

第二节　天府民俗文化网络视频传播载体

一、传播载体概念界定

传播载体即传播媒介，指的是"介于传播者和受传者之间，用以负载、扩大、延伸、传递特定符号的物质实体"[①]。新媒体传播载体是基于手机等移动媒体利用数字化网络进行信息传播的中介和平台，在增强传统文化传播影响力方面具有更大的优势。平台式的传播载体能满足人们主动获取优秀传统文化内容并积极参与文化评价的新需要，可以根据人们喜闻乐见的方式对传统文化进行现代化再创作和表达，在内容或表达形式上都更具多样化和趣味性。

二、天府民俗文化网络视频传播载体的类型

（一）根据传播载体的自身特点分类

1. 文字型传播载体

文字型传播载体包括图书、报纸、杂志、档案、专利、产品样本、信函、国家标准等。文字型传播载体克服了声音语言的转瞬即逝性，能够长久地将信息保留下来，并且扩展了人类交流和社会活动的空间。但是文字型传播载体对受众来说门槛较高，感染力不及声像型传播载体。天府民俗文化网络视频虽然是以视频为主要传播载体，但是大部分视频的下方都会增加一段文字作为补充，视频中的字幕、特效制作也都是通过文字这种载体进行创作的。

2. 声像型传播载体

声像型传播载体包括照片、影片、幻灯片、录音带、录像带、微机磁盘、

---

① 邵培仁. 传播学 [M]. 3 版. 北京：高等教育出版社，2015：215.

邮票、商标、绘画、雕塑等。声像型传播载体增强了信息传播的感染力，降低了受众接收信息的门槛，实现了信息的远距离传输。天府民俗文化网络视频以声像型传播载体为主要传播载体，声像是天府民俗文化网络视频作品的主要构成部分。

3. 意识型传播载体

意识型传播载体包括情报、信息、知识、理论、科学、主义、思想、经验、消息、情况等，具有隐蔽性、传播效果持久性、受众接收门槛较高等特点。天府民俗文化网络视频中，利用意识型传播载体进行传播是较为常见的。

4. 能量型传播载体

能量型传播载体包括光波、声波、电波、磁波等。

文字型传播载体和声像型传播载体统称为实体型传播载体，而意识型传播载体和能量型传播载体统称为隐体型传播载体。

（二）根据传播载体性质分类

1. 门户网站

门户网站是与用户建立沟通的桥梁，各行各业均不断充实网站内容、创新网站形式，从而增强自身吸引力，更好地发展业务。[①] 门户网站是传播天府民俗文化、联系受众的重要窗口，也是传承天府民俗文化的重要载体。相较于其他传播载体，门户网站具有权威性、系统性、信息化程度高等特点。

（1）权威性。

传播天府民俗文化的门户网站一般是由政府部门、事业单位、新闻媒体开发建设的，因此权威性是其一大特点。与其他传播载体相比，门户网站发布信息的可信度更高。其他一些传播载体如搜索引擎、社交媒体，其入门门槛较低，非专业人士也可以自由地在其中发表看法和意见，而且审核门槛低，审核速度快，容易出现新闻反转，也可能滋生谣言。但是在门户网站中则少有这类现象产生，因为官方媒体或政府部门运营的门户网站承担着传播传统文化的责

---

① 参见郭丽敏，周建仁，郭丽君. 企业信息门户深化应用的探索实践［J］. 计算机产品与流通，2020（8）：96.

任，有着严格的信息审核机制，在发布的标准上与报社发布的新闻比较接近，因此门户网站中信息的权威性较高。

（2）系统性。

与其他传播载体相比，门户网站更加具有系统性。门户网站内容齐全，充分使用超链接，有超强的信息聚合能力，能够满足不同受众对于个性化信息的需求。且各个职能板块界限清晰，公众可以毫不费力地找到相应板块的内容。相关的门户网站是公众了解天府民俗文化的重要传播载体，是党委政府主导传播天府民俗文化的重要阵地，例如，由四川省委宣传部指导、省艺术院主办的四川艺术网，网站最上方有不同信息板块的分类，其下醒目位置有热点榜，最下方有艺网商城，可以满足用户的购买需求。网站内还设置了意见反馈专栏，有利于形成与用户的有效沟通和互动。

（3）信息化程度高。

目前中国互联网发展已迎来成熟繁荣期，有 20 年左右历史的门户网站也进入了新时期，在网站的建设和运营中更加注重信息化程度的提高。传播天府民俗文化的四川艺术网、四川非物质文化遗产网、记忆四川、成都非物质文化遗产保护中心等门户网站，利用精美动态的图文、悠扬婉转的背景配乐、网站动态挂件等来增强视觉美感，给予观众良好的视觉和听觉体验。在上述门户网站中，有的还利用 VR、AR 等数字技术讲述了蜀绣、漆艺、扎染等天府民俗文化的起源与经过，并且紧跟热点，例如，四川艺术网还设置了"数字藏品"专栏，为受众讲解元宇宙中的数字艺术（如图 2-10 所示）。

图 2-10 "数字藏品"栏目截图

（图片来源于四川艺术网）

第二章
天府民俗文化网络视频"一带一路"传播现状

2. 搜索引擎

"搜索引擎最初的英文名字为 Search engine,是一种信息检索系统,它可以利用计算机程序将互联网上海量的信息进行整合、加工以及重组,用以满足用户的需求,通常会以表单的形式列出。"[①] 目前世界上主流的搜索引擎是谷歌和 microsoft Bing,中国的主流搜索引擎为百度、搜狗等。搜索引擎对互联网上海量的信息进行整合,能够为受众提供个性化和精准化的信息服务。搜索引擎作为天府民俗文化的传播载体,具有以下特点:

(1) 获取信息快速便捷。

互联网上的信息浩瀚如烟,在海量的信息面前,依靠大数据技术的搜索引擎能够根据关键词、高级语法等快速找到匹配度极高的内容。天府民俗文化种类繁多、内容丰富,利用搜索引擎有利于快速捕捉到全网适配度最高的内容。随着手机终端用户的增多,在手机搜索引擎上直接搜索信息比使用电脑更加方便快捷,有利于提高信息收集的效率。

(2) 深入开展信息挖掘。

随着人工智能技术的发展,搜索引擎技术不仅可以为用户提供个性化的搜索服务,还利于推动用户开展深入的信息挖掘。利用算法技术可以对用户锁定的关键词和点击意向进行进一步深挖,根据检索到的信息推送高相关性的同类对象,还可以利用检索到的信息为用户提供智能化解决方案。

(3) 检索内容多样化。

随着搜索引擎技术的不断发展和日益成熟,在搜索引擎上检索信息的方式越来越多样化。例如,现在的搜索引擎支持多种语言检索,比如自然语言、机器语言、智能语言等。而且检索内容不局限于文字,音频、视频、GIL 图片等内容都能被轻松检索。

3. 社交媒体

"广义上,社交媒体是人类基于在线社交网络进行社会交往的平台,在这个平台上,社交媒体既可用作个人与个人、个人与社群交流的社交工具,也可用作个体面向群体传递信息的平台;狭义上,社交媒体是用户基于在线社交网

---

① 董倩玉. 基于传播学视角研究搜索引擎的发展——以百度为例 [D]. 北京:北京外国语大学,2021:15.

络进行内容生产与分发的互联网应用。"① 社交媒体也是传播天府民俗文化的载体之一，常见的社交媒体包括微信、微博、抖音、快手、西瓜视频等。凭借社交媒体传播天府民俗文化网络视频具有以下特点：

（1）传播内容丰富、形式新颖。

视频作为立体化与多维化的信息载体正在重新定义传播，其在很大程度上已不只是部分受众的个体兴趣，而是一种全民性、群体性、社会性的内容取向。天府民俗文化通过视频在国内外传播的内容选择不受限制，遍布文化传播的创作、生产、传播、消费等各个环节。在微信、微博、抖音、YouTube、Facebook等媒体渠道中发布的天府民俗文化种类繁多，主要分为生产习俗、生活习俗、娱乐习俗三个大类。在5G、4K、VR、AR等新技术的赋能之下，传播载体的形式变得更加多样化。比如中新视频在微博中发布的关于3D背景AI锦绣熊猫的短视频，利用AI技术制成的锦绣熊猫来传播天府民俗文化中的蜀锦蜀绣文化，获得了可观的播放量（如图2-11所示）。

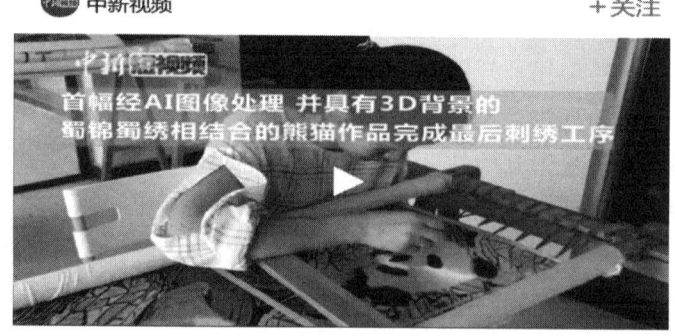

图2-11　3D背景AI锦绣熊猫短视频截图

（图片来源于中新视频微博网页版）

（2）多渠道传播、社交属性强。

在社交媒体时代，各社交媒体平台是用户生产内容和互联网平台共同打造的内容生态聚集区，社交媒体不仅是信息发布平台，更是具有强大社交属性的

---

① 禹卫华. 社交媒体概论［M］. 2版. 上海：上海交通大学出版社，2020：10.

第二章
天府民俗文化网络视频 "一带一路" 传播现状

新媒体工具。

正是由于其交互性、及时性、平民化等特点，社交媒体逐渐成为天府民俗文化传播的主要阵地。比如截至 2023 年 2 月 6 日，四川文旅在微博中共发布了 54879 条内容，发布的视频累计播放量达到 7600 万以上（如图 2-12 所示）。其中川剧变脸、蜀绣、川菜等视频内容一度登上微博热搜，充分展现了天府民俗文化的深厚渊源和文化魅力。

图 2-12 四川文旅微博主页截图

（图片来源于四川文旅微博客户端）

随着发布门槛的持续降低，App 用户既是视频阅读者、生产者，又是信息的分享者。普通用户可以在社交媒体平台发布感兴趣的内容，同时也可以对官方媒体发布的内容进行点赞、转发、评论甚至是二次创作。在受众与视频发布者的交流互动之下，衍生出一些爆款视频并在各大平台进行病毒式传播，使所传播内容成为一个热点现象，吸引大量受众的关注。如雷云影在 YouTube 发布了一则题为 "川剧变脸-韵律中国 2018 温哥华新春慈善晚会 Melody of China Vancouver" 的短视频，是对晚会精彩内容的传播，获得了巨大的播放量和点赞量（如图 2-13 所示）。

图 2-13 川剧变脸截图

(图片来源于雷云影 YouTube 网页版)

(3) 叙事平民化、口语化。

在各大媒体平台进行天府民俗文化传播的主体除官方媒体、民间知名人士、网络大 V 外,大部分都是普通民众,他们不仅是内容的接收者,也是内容的生产者。因此,社交媒体中的天府民俗网络视频的叙事风格更加偏向平民化,标题、内容、解说、拍摄手法呈现出通俗易懂的特点。比如《成都商报》在微博发布的"一不小心就当'爹' 20 余万人涌入广汉体验民俗'拉保保'"、徐二秒在微信小程序发布的"川菜才是美食天花板吧"、Chenguplus 在微博发布的"一个英国设计师绣娘手下的非遗新风"等,在传播天府民俗文化方面做到了标题通俗易懂、内容深入浅出。

4. 电商平台

电商是指通过互联网电子交易的方式进行的交易活动和相关服务。电商平台则是承载电子商务活动的平台,比如淘宝、京东、唯品会、抖音商城等。这种新型商业模式给人们的购物带来了极大的便利,促进了各类产品的销售,在近几年兴起的直播带货的影响下,传统购物的"人货场"三要素产生了新的变化。这不仅丰富了现代商业的内涵,也进一步拓展了新的商业文化空间。电商平台作为天府民俗文化的传播载体,具有以下特点:

（1）曝光可能性增加。

最初民俗文化产品的传播和售卖只能通过线下实体店进行，传播广度与深度均有限。随着电商的发展，用户与商家之间的距离缩短，双方以电商平台为中介，在智能算法的推荐下，天府民俗文化产品曝光的可能性大大增加，能够让更多的国内外受众不受距离的约束，足不出户就能通过电商平台了解更加形象化、立体化的天府民俗文化。

（2）虚拟文化转为实际产品。

天府民俗文化多以文字、图片、视频等为传播形式，传播内容具有虚拟性，其传播速度快，传播范围较大，但仍然存在传播局限，比如传播效果的持久性与实际产品无法相比。天府民俗文化有着丰富的衍生产品，在国内外都有着广阔的市场前景。电商平台为人们购买天府民俗文化产品提供了一个便捷的渠道，商品价格透明、交易成本低，能够帮助人们购买到性价比高的文化产品。相比于虚拟文化，实际产品更容易满足人们的购买欲望。

第三节 天府民俗文化网络视频头部平台数据分析

一、天府民俗文化网络视频国内传播头部平台数据分析

（一）国内传播头部平台选择

根据中国互联网络信息中心（CNNIC）发布的第50次中国互联网络发展状况统计报告，"截至2022年6月，我国网络视频（含短视频）用户规模达9.95亿……占网民整体的94.6%；其中，短视频用户规模达9.62亿……占网民整体的91.5%"[①]；第51次中国互联网络发展状况统计报告显示，"截至2022年12月，我国网民规模达10.67亿……短视频用户规模达10.12亿……

---

① 中国互联网络信息中心.第50次中国互联网络发展状况统计报告[EB/OL].（2022-10-20）[2022-12-25]. https://www.cnnic.cn/NMediaFile/2022/1020/MAIN16662586615125EJOL1VKDF.pdf.

占网民整体的94.8%"①。以上数据表明，2022年1至4季度，我国网络视频用户规模在逐渐扩大，短视频用户规模也呈稳步上升趋势。

在国内网络视频行业中，以抖音、快手、哔哩哔哩（以下简称B站）、微博和微信视频号等为代表的头部短视频平台发展迅猛。短视频领域平台众多，抖音及快手两大平台以丰富的内容和庞大的用户量成为短视频行业的第一梯队；B站是国内最大的弹幕视频共享平台，凭借高内容质量、高用户活跃度的优势，在UGC、PGC视频行业处于领先地位；微博作为国内最大的社交媒体平台之一，截至2022年第四季度，平台月活跃用户数达到5.86亿，移动端用户占月活跃用户数的95%；②微信视频号虽然在网络视频传播方面起步较晚，但依托广泛的受众群体，发展迅猛，仍然具有一定代表性。

为了探究"一带一路"背景下天府民俗文化在国内的具体传播情况以及适应网络视频传播的线上载体，本书选取国内最具代表性的网络视频头部平台（门户网站、微信、微博、抖音、快手、B站）等作为切入点，对天府民俗文化"一带一路"网络视频传播开展调查与统计分析，总结提炼天府民俗文化"一带一路"网络视频传播的基本现状。

（二）国内传播发展趋势

1. 头部平台的视频发布总量、增速、点赞数、评论数

通过对天府民俗文化相关关键词进行检索，截至2022年6月底，在国内六大头部平台共计获取1464个视频样本，其中在门户网站获取166个视频样本，微信获取300个视频样本，微博获取241个视频样本，抖音获取390个视频样本，快手获取222个视频样本，B站获取145个视频样本。在上述国内六大传播平台中，天府民俗文化相关网络视频的总发布量整体呈明显的上升趋势，在2015年至2019年期间，国内头部平台的视频发布量总体呈上升趋势；2019年开始增速明显提升；2020年同比增速达到100%；2021年视频发布量

---

① 中国互联网络信息中心. 第51次中国互联网络发展状况统计报告[EB/OL]. (2023-08-07)[2023-10-20]. https://www.cnnic.cn/NMediaFile/2023/0807/MAIN/169137187130308PEDV637M.pdf.

② 参见杨洁. 微博2022年总营收123.7亿元[EB/OL]. (2023-03-02)[2023-03-20]. https://finance.sina.com.cn/jjxw/2023-03-02/doc-imyimwvx4595009.shtml.

第二章 天府民俗文化网络视频 "一带一路" 传播现状

从226上升至571，同比增速达到153%。

在国内网络视频传播头部平台中，天府民俗文化相关视频共计获得点赞数2722.2712万次、评论数123.7534万条。其中，获得点赞数最多的平台分别是抖音、快手和B站。抖音平台中的天府民俗文化相关视频共计获得1359万次点赞，排名第一；快手平台共计获得1207万次点赞，排名第二；B站平台共计获得148万次点赞，排名第三。评论数分布情况与点赞数相同，获得评论数最多的平台分别是抖音、快手和B站。抖音平台共计获得77万条评论，快手平台共计获得35万条评论，B站平台共获得9万条评论（见表2-1）。

表2-1 国内头部平台视频点赞数、评论数统计表

项目	门户网站	微信	微博	抖音	快手	B站	共计
点赞数（万次）	0.8797	0.1915	7.2	1359	1207	148	2722.2712
评论数（万条）	0.0316	0.0218	2.7	77	35	9	123.7534

2. 头部平台的内容选取占比的分类数量统计

在内容选取层面，国内头部平台所发布的天府民俗文化相关视频主要分为生产习俗、生活民俗、娱乐习俗三类。其中，生产习俗类视频数量最多，共计637个，占比43.51%；娱乐习俗类视频居第二位，共计453个，占比30.94%；生活民俗类视频居第三位，共计374个，占比25.55%。

3. 分平台内容选取占比分析

如表2-2所示，门户网站平台中，天府民俗文化相关视频共计166个，其中生产习俗类视频和生活民俗类视频的数量旗鼓相当，分别占比为37.96%、36.75%；娱乐习俗类视频占比25.29%。生产习俗类视频中四川竹编、蜀绣视频占比最多，均为5.42%；其次为蜀锦视频，占比4.82%；雅安黑陶视频数量最少，占比为1.81%。生活民俗类视频中川茶文化（含茶馆文化）视频占比最高，为8.43%；川盐文化视频居第二位，占比7.23%；川菜文化视频居第三位，占比为6.63%；婚丧嫁娶视频占比最少，为1.20%。娱乐习俗类视频中川剧、自贡灯会视频占比最多，均为4.82%；四川评书视频居第二位，占比4.21%；四川清音视频数量最少，占比1.20%。

表 2-2 门户网站平台内容选取占比统计表

项目	内容主题	数量（个）	占比（％）	共计
生产习俗	都江堰放水节	6	3.61	63 个 37.96％
	绵竹年画	8	4.82	
	四川竹编	9	5.42	
	铸糖人儿（铸糖饼）	5	3.02	
	邛窑	5	3.02	
	雅安黑陶	3	1.81	
	四川蜡染（扎染）	6	3.61	
	蜀绣	9	5.42	
	蜀锦	8	4.82	
	羌绣	4	2.41	
生活民俗	川酒文化	8	4.82	61 个 36.75％
	川茶文化（含茶馆文化）	14	8.43	
	川菜文化	11	6.63	
	川盐文化	12	7.23	
	婚丧嫁娶	2	1.20	
	九斗碗（坝坝宴）	9	5.42	
	广汉保保节	5	3.02	
娱乐习俗	川剧	8	4.82	42 个 25.29％
	四川清音	2	1.20	
	四川评书	7	4.21	
	谐剧	5	3.02	
	凉山火把节	6	3.61	
	广元女儿节	6	3.61	
	自贡灯会	8	4.82	
总计	24 类	166	100.00	100％

如表 2-3 所示，微信平台中，天府民俗文化相关视频共计 300 个，其中生产习俗类视频数量最多，占比达到 56.00％；生活民俗类和娱乐习俗类视频

第二章 天府民俗文化网络视频 "一带一路" 传播现状

数量相差不大，分别占 21.33%、22.67%。生产习俗类视频中羌绣数量最多，占比 12.67%；蜀绣居第二位，占比 10.00%；蜀锦居第三位，占比 9.00%；邛窑视频数量最少，占比 2.67%。生活民俗类视频中川菜文化最多，占比 5.33%；川茶文化（含茶馆文化）居第二位，占比 4.66%；川盐文化视频数量最少，仅占 0.67%。娱乐习俗类视频中川剧最多，占比 6.33%；四川清音、广元女儿节居第二位，占比均为 3.67%；自贡灯会数量最少，占比 1.33%。

表 2-3 微信平台内容选取占比统计表

项目	视频内容	数量（个）	占比（%）	共计
生产习俗	都江堰放水节	14	4.66	168个 56.00%
	绵竹年画	15	5.00	
	四川竹编	9	3.00	
	铸糖人儿（铸糖饼）	10	3.33	
	邛窑	8	2.67	
	四川蜡染（扎染）	17	5.67	
	蜀绣	30	10.00	
	蜀锦	27	9.00	
	羌绣	38	12.67	
生活民俗	川酒文化	10	3.33	64个 21.33%
	川茶文化（含茶馆文化）	14	4.66	
	川菜文化	16	5.33	
	川盐文化	2	0.67	
	九斗碗（坝坝宴）	11	3.67	
	广汉保保节	11	3.67	
娱乐习俗	川剧	19	6.33	68个 22.67%
	四川清音	11	3.67	
	四川评书	9	3.00	
	谐剧	5	1.67	
	凉山火把节	9	3.00	
	广元女儿节	11	3.67	
	自贡灯会	4	1.33	
总计	22类	300	100.00	100.00%

如表2-4所示,微博平台中,天府民俗文化相关网络视频共计241个,其中生产习俗类视频数量最多,占比45.23%;生活民俗类视频数量占比38.17%;娱乐习俗类视频数量最少,占比16.60%。生产习俗类视频中蜀绣最多,占比9.13%;四川蜡染(扎染)居第二位,占比7.89%;雅安黑陶数量最少,占比0.41%。生活民俗类视频中川茶文化(含茶馆文化)视频数量最多,占比12.04%;九斗碗(坝坝宴)视频居第二位,占比7.47%;川菜文化视频居第三位,占比6.64%;婚丧嫁娶视频数量最少,占比0.83%。娱乐习俗视频中广元女儿节视频最多,占比6.64%;川剧视频居第二位,占比5.81%;四川清音、四川评书视频数量最少,占比均为0.41%。

表2-4 微博平台内容选取占比统计表

项目	视频内容	数量（个）	占比（%）	共计
生产习俗	都江堰放水节	7	2.90	109个 45.23%
	绵竹年画	16	6.64	
	铸糖人儿（铸糖饼）	12	4.98	
	邛窑	12	4.98	
	雅安黑陶	1	0.41	
	四川蜡染（扎染）	19	7.89	
	蜀绣	22	9.13	
	蜀锦	12	4.98	
	羌绣	8	3.32	
生活民俗	川酒文化	11	4.56	92个 38.17%
	川茶文化（含茶馆文化）	29	12.04	
	川菜文化	16	6.64	
	川盐文化	5	2.07	
	婚丧嫁娶	2	0.83	
	九斗碗（坝坝宴）	18	7.47	
	广汉保保节	11	4.56	

续表2-4

项目	视频内容	数量（个）	占比（%）	共计
娱乐习俗	川剧	14	5.81	40个 16.60%
	四川清音	1	0.41	
	四川评书	1	0.41	
	谐剧	2	0.83	
	广元女儿节	16	6.64	
	自贡灯会	6	2.50	
总计	22类	241	100.00	100.00%

如表2-5所示，抖音平台中，天府民俗文化相关视频共计390个，其中生产习俗类视频数量最多，占比48.21%；娱乐习俗类视频数量居第二位，占比38.97%；生活民俗类视频数量最少，占比12.82%。生产习俗类视频中蜀绣视频数量最多，占比11.79%；四川竹编居第二位，占比8.97%；蜀锦居第三位，占比6.67%；剪纸、周家刀、夹江竹纸、火草织布视频数量最少，占比均为0.26%。生活民俗类视频中川菜文化视频数量最多，占比2.82%；广汉保保节视频数量居第二位，占比2.56%；川酒文化、游百病视频数量最少，占比均为0.26%。娱乐习俗类视频中川剧视频数量最多，占比高达21.02%；自贡灯会视频数量居第二位，占比3.83%；广元女儿节视频数量居第三位，占比3.58%；其余视频数量占比都不大，均在3.00%以下。

表 2-5 抖音平台内容选取占比统计表

项目	内容主题	数量（个）	占比（%）	共计
生产习俗	都江堰放水节	11	2.82	188 个 48.21%
	绵竹年画	11	2.82	
	四川竹编	35	8.97	
	铸糖人儿（铸糖饼）	16	4.10	
	银花丝	8	2.05	
	火草织布	1	0.26	
	油纸伞	5	1.28	
	蜀绣	46	11.79	
	蜀锦	26	6.67	
	陶艺	7	1.79	
	扇子工艺	4	1.03	
	唐卡	3	0.77	
	荥经砂器	4	1.03	
	丝织毯	3	0.77	
	四川蒲砚	2	0.51	
	周家刀	1	0.26	
	夹江竹纸	1	0.26	
	漆艺	3	0.77	
	剪纸	1	0.26	
生活民俗	川酒文化	1	0.26	50 个 12.82%
	川茶文化（含茶馆文化）	5	1.28	
	川菜文化	11	2.82	
	婚丧嫁娶	4	1.03	
	九斗碗（坝坝宴）	11	2.82	
	服饰	7	1.79	
	游百病	1	0.26	
	广汉保保节	10	2.56	

第二章
天府民俗文化网络视频 "一带一路" 传播现状

续表2-5

项目	内容主题	数量（个）	占比（%）	共计
娱乐习俗	川剧	82	21.02	152个 38.97%
	四川清音	5	1.28	
	四川评书	2	0.51	
	皮影	2	0.51	
	凉山火把节	6	1.53	
	广元女儿节	14	3.58	
	蜀派古琴	1	0.26	
	四川武术	11	2.82	
	安仁板凳龙	1	0.26	
	烧火龙	1	0.26	
	牛儿灯	1	0.26	
	沐川草龙	1	0.26	
	舞狮	4	1.03	
	仓山大乐	1	0.26	
	柳街薅秧歌	1	0.26	
	巴山背二歌	1	0.26	
	甘孜踢踏	1	0.26	
	烟花仗	1	0.26	
	蒲江雀舌	1	0.26	
	自贡灯会	15	3.83	
总计	47类	390	100.00	100.00%

如表2-6所示，快手平台中，天府民俗文化相关网络视频共计222个，其中生活民俗类视频数量最多，占比39.64%；娱乐习俗类视频数量居第二位，占比30.63%；生产习俗类视频数量居第三位，占比29.73%。生产习俗类视频中蜀绣视频数量最多，占比5.41%；四川蜡染（扎染）视频居第二位，占比4.50%；蜀锦、羌绣视频居第三位，占比3.60%；雅安黑陶视频数量最少，占比0.45%。生活民俗类视频中九斗碗（坝坝宴）视频数量最多，占比10.36%；川菜文化视频居第二位，占比10.81%；川茶文化（含茶馆文化）视频居第三位，占比8.56%；广汉保保节、婚丧嫁娶视频数量最少，占比均

为1.80%。娱乐习俗类视频中川剧视频数量最多，占比9.90%；自贡灯会、凉山火把节视频居第二位，占比均为5.86%；四川评书视频数量最少，占比1.35%。

表2-6 快手平台内容选取占比统计表

项目	视频内容	数量（个）	占比（%）	共计
生产习俗	绵竹年画	6	2.71	66个 29.73%
	都江堰放水节	5	2.25	
	四川竹编	5	2.25	
	铸糖人儿（铸糖饼）	5	2.25	
	雅安黑陶	1	0.45	
	四川蜡染（扎染）	10	4.50	
	蜀锦	8	3.60	
	邛窑	6	2.71	
	羌绣	8	3.60	
	蜀绣	12	5.41	
生活民俗	九斗碗（坝坝宴）	23	10.36	88个 39.64%
	广汉保保节	4	1.80	
	婚丧嫁娶	4	1.80	
	川酒文化	9	4.06	
	川盐文化	5	2.25	
	川茶文化（含茶馆文化）	19	8.56	
	川菜文化	24	10.81	
娱乐习俗	谐剧	4	1.80	68个 30.63%
	四川清音	7	3.15	
	四川评书	3	1.35	
	凉山火把节	13	5.86	
	广元女儿节	6	2.71	
	自贡灯会	13	5.86	
	川剧	22	9.90	
总计	24类	222	100.00	100.00%

第二章
天府民俗文化网络视频 "一带一路" 传播现状

如表2-7所示,B站平台中,天府民俗文化相关网络视频共计145个,其中娱乐习俗类视频数量最多,占比达到57.24%;生产习俗类视频数量占比29.66%;生活民俗类视频数量最少,占比13.10%。生产习俗类视频中铸糖人儿(铸糖饼)视频数量最多,占比6.90%;蜀锦居第二位,占比4.13%;邛窑视频数量最少,占比1.38%。生活民俗类视频中川菜文化视频数量最多,占比4.82%;川茶文化(含茶馆文化)视频数量居第二,占比为3.45%;婚丧嫁娶视频数量最少,占比0.69%。娱乐习俗类视频中川剧视频数量最多,占比35.86%;自贡灯会视频居第二位,占比9.66%;广元女儿节、四川评书视频数量最少,占比均为0.69%。

表2-7 B站平台内容选取占比统计表

项目	视频内容	数量(个)	占比(%)	共计
生产习俗	都江堰放水节	5	3.45	43个 29.66%
	绵竹年画	3	2.07	
	四川竹编	5	3.45	
	铸糖人儿(铸糖饼)	10	6.90	
	邛窑	2	1.38	
	四川蜡染(扎染)	5	3.45	
	蜀绣	4	2.76	
	蜀锦	6	4.13	
	羌绣	3	2.07	
生活民俗	川酒文化	2	1.38	19个 13.10%
	川茶文化(含茶馆文化)	5	3.45	
	川菜文化	7	4.82	
	川盐文化	2	1.38	
	婚丧嫁娶	1	0.69	
	九斗碗(坝坝宴)	2	1.38	

续表2-7

项目	视频内容	数量（个）	占比（%）	共计
娱乐习俗	川剧	52	35.86	83个 57.24%
	四川清音	9	6.20	
	四川评书	1	0.69	
	凉山火把节	3	2.07	
	广元女儿节	1	0.69	
	自贡灯会	14	9.66	
	四川武术	3	2.07	
总计	22类	145	100.00	100.00%

4. 视频时长占比分析

在国内六大网络视频传播平台中，天府民俗文化网络视频以时长5分钟以内的短视频为主，共1229个，占比高达83.95%；其次是时长5～30分钟的中视频，共220个，占比15.02%；时长在30分钟以上的网络长视频数量最少，占比仅1.03%（见表2-8）。

表2-8 国内传播头部平台的视频时长占比统计表

分类	视频时长	门户网站	微信	微博	抖音	快手	B站	共计
短视频	1min以内	20 (12.05%)	54 (18.00%)	71 (29.46%)	281 (72.05%)	133 (59.91%)	30 (20.69%)	589 (40.23%)
	1～5min	103 (62.05%)	183 (61.00%)	135 (56.02%)	86 (22.05%)	74 (33.33%)	59 (40.69%)	640 (43.72%)
中视频	5～10min	21 (12.65%)	58 (19.33%)	33 (13.69%)	19 (4.87%)	15 (6.76%)	32 (22.07%)	178 (12.15%)
	10～30min	16 (9.64%)	3 (1.00%)	0 (0.00%)	4 (1.03%)	0 (0.00%)	19 (13.10%)	42 (2.87%)
长视频	30min以上	6 (3.61%)	2 (0.67%)	2 (0.83%)	0 (0.00%)	0 (0.00%)	5 (3.45%)	15 (1.03%)
总计		166 (100.00%)	300 (100.00%)	241 (100.00%)	390 (100.00%)	222 (100.00%)	145 (100.00%)	1464 (100.00%)

整体来看，第一，天府民俗文化网络视频国内传播总量呈上升趋势，受众

第二章
天府民俗文化网络视频 "一带一路" 传播现状

的互动性反馈进一步增强，主要体现在点赞和评论数量的增加。第二，抖音作为国内短视频行业的头部平台，在内容和用户数量方面拥有绝对优势，抖音平台中的天府民俗文化网络视频发布总量和点赞量、评论量也大大超过国内其他网络视频传播平台。第三，在内容选取方面，国内网络视频传播平台上，与生产习俗相关的视频数量最多，共计 637 个；娱乐习俗类网络视频数量略少，共计 453 个；生活民俗类视频数量最少，共计 374 个。第四，在国内网络视频传播平台中，微信视频号的生产习俗类视频占比最高，达到了 56.00%；快手的生活民俗类视频占比最高，为 39.64%；抖音的天府民俗文化网络视频的内容最为丰富；B 站的娱乐习俗类视频占比最高，为 57.24%。第五，视频时长方面，各大平台发布的天府民俗文化网络视频以 5 分钟以内的短视频为主，其次是中视频，30 分钟以上的长视频数量最少。视频时长与平台特性、受众接收习惯相关，在所有平台之中，5~10 分钟的中视频数量明显多于 10~30 分钟的中视频数量。

二、天府民俗文化网络视频国际传播头部平台数据分析

（一）国际传播头部平台选择

据全球数字化报告机构 DATAREPORTAL 发布的《数字化 2022：全球概览报告》显示，Meta 2021 年第三季度投资者收益公告中公布的数据表明，全球使用量排名前五的社交媒体平台依次为 Facebook、YouTube、WhatsApp、Instagram、WeChat。数据服务公司 App Annie 提供的数据表明，使用 Android 手机的人数约占当今全球使用智能手机人数的 70%。Android 手机用户使用 YouTube 的总时间最多，每月平均使用时长达 23.7 小时；使用 Facebook 和 TikTok 的累计时长排名第二，平均每月使用 19.6 小时。①

因此，视频流媒体内容主要分布在 Facebook、YouTube、TikTok 三大头部平台，我们将以上平台作为"一带一路"天府民俗文化短视频传播研究的数

---

① DATAREPORTAL. DIGITAL 2022：GLOBAL OVERVIEW REPORT [EB/OL]. (2022-01-26) [2022-10-25]. https://datareportal.com/reports/digital-2022-global-overview-report.

据平台，从中获取研究所需的传播内容及效果的相关数据。

（二）国际传播发展趋势

通过用户与网络视频的互动所反映出的视频播放情况、发展现状以及网络视频的发布总量、增速、点赞数、评论数等数据，我们可以直观地探究天府民俗文化网络视频国际传播的发展趋势。通过各平台发布的天府民俗文化网络视频总数量，可以看出其在不同平台的传播力度；网络视频增速可以反映出天府民俗文化传播主体数量的变化，为筛选出适合其传播的网络平台提供数据支撑；点赞数能直接反映用户对视频内容的支持和认可度，与视频播放量、互动量形成正相关；评论是网络视频互动传播常见的信息交互方式，评论数在一定程度上代表用户的关注度和卷入度，评论越多，证明信息内容越丰富，能给天府民俗文化网络视频创作提供导向。以上四个方面的数据研究，可为我们研判天府民俗文化网络视频发展趋势提供多维度的数据支撑。

1. 头部平台视频发布总量、增速、点赞数、评论数

运用爬虫技术，通过对天府民俗文化关键词进行检索，从 2015 年 1 月至 2022 年 10 月，Facebook、YouTube、TikTok 三大国际传播头部平台总共发布天府民俗文化网络视频 16184 个，其中，Facebook 共发布 13093 个，YouTube 共发布 2251 个，TikTok 共发布 840 个。这三个国际传播平台发布的视频数量总体呈现出上升趋势。2015 年 3 月，国家发改委、外交部、商务部联合发布了《推动共建丝绸之路经济带和 21 世纪海上丝绸之路的愿景与行动》，2015—2016 年三个平台发布的天府民俗文化网络视频从 980 个增加至 1510 个，增速为 54.08%；2017—2021 年，每年都有不同程度的增长，增速较小的年份是 2017 年、2019 年，分别为 5.23%、8.07%；2018 年、2020 年、2021 年增速稳步上升；2022 年视频总量有所减少，形成了负增长，增速为 -3.99%（见表 2-9）。

第二章 天府民俗文化网络视频 "一带一路" 传播现状

表 2-9 Facebook、YouTube、TikTok 相关视频发布总量及增速

年份	天府民俗文化网络视频发布总量（个）	增速（%）
2015	980	/
2016	1510	54.08
2017	1589	5.23
2018	1858	16.93
2019	2008	8.07
2020	2390	19.02
2021	2984	24.85
2022	2865	−3.99

对收集的数据进行统计与分析后发现，在上述三大网络视频传播平台中，天府民俗文化网络视频共计获得点赞 775.0411 万次、评论 28.9148 万条。其中，获得点赞数最多的平台是 YouTube，该平台的天府民俗文化网络视频共计获得 289.8500 万次点赞；TikTok 平台相关视频共计获得 277.4841 万次点赞，排名第二；Facebook 平台相关视频共计获得 207.7100 万次点赞，排名第三。评论数分布情况与点赞数略有不同，相关视频获得评论数最多的平台是 Facebook，共计获得 22.2200 万条评论；YouTube 平台共计获得 4.8749 万条评论，排名第二；TikTok 平台共计获得 1.8199 万条评论，排名第三（见表 2-10）。

表 2-10 Facebook、YouTube、TikTok 相关视频点赞数、评论数

项目	Facebook	YouTube	TikTok	共计
点赞数（万次）	207.7100	289.8500	277.4841	775.0411
评论数（万条）	22.2200	4.8749	1.8199	28.9148

从 Facebook 2015—2022 年的天府民俗文化网络视频相关数据中发现，2016 年相关视频数、点赞数、评论数、分享数都得到了爆发式的增长；2017—2020 年相关视频数、点赞数、评论数、分享数总体保持增长，虽然个别年份点赞数、评论数、分享数有回落的情况，但是视频的数量仍然保持较小

幅度的增长；2021—2022 年，相关视频数、点赞数、评论数、分享数均呈现下降趋势，尤其 2022 年视频数相较于 2021 年减少了 40.97%，视频的点赞数也大量减少，增速为 −50.97%（见表 2−11）。

表 2−11　2015—2022 年 Facebook 天府民俗文化网络视频相关数据

年份	视频数（个）	增速（%）	点赞数（万次）	增速（%）	评论数（万条）	增速（%）	分享数（万次）	增速（%）
2015	919	/	8.15	/	0.37	/	0.58	/
2016	1430	55.60	26.25	222.21	1.60	333.76	2.94	405.04
2017	1485	3.85	19.98	−23.89	2.12	32.41	5.87	99.77
2018	1695	14.14	19.04	−4.68	4.11	93.97	2.74	−53.25
2019	1737	2.48	30.75	61.47	4.02	−2.14	3.74	36.23
2020	2066	18.94	46.68	51.80	3.71	−7.58	9.14	144.52
2021	2365	14.47	38.16	−18.25	3.99	7.57	4.28	−53.17
2022	1396	−40.97	18.71	−50.97	2.31	−42.25	2.66	−37.73

2015—2022 年，YouTube 相关天府民俗文化网络视频数基本保持逐年递增，只在 2020 年出现了小幅度减少。2016 年，天府民俗文化网络视频在该平台的播放数、点赞数、评论数都得到了前所未有的增长。与 Facebook 不同的是，YouTube 中天府民俗文化网络视频的发布并没有受到疫情的较大影响，2021 年视频数的增速为 65.13%，播放数和点赞数出现了回落，但 2022 年，天府民俗文化网络视频的视频数、播放数、点赞数、评论数都呈现出不同程度的上涨趋势（见表 2−12）。

表 2−12　2015—2022 年 YouTube 天府民俗文化网络视频相关数据

年份	视频数（个）	增速（%）	播放数（万次）	增速（%）	点赞数（万次）	增速（%）	评论数（万条）	增速（%）
2015	61	/	13.31	/	0.12	/	0.0132	/
2016	80	31.15	365.66	2647.19	23.42	18999.10	0.2168	1542.42
2017	104	30.00	268.07	−26.69	26.56	13.45	0.4205	93.96
2018	159	52.88	1623.41	505.59	50.21	89.00	1.5943	279.14

第二章
天府民俗文化网络视频 "一带一路" 传播现状

续表2-12

年份	视频数（个）	增速（%）	播放数（万次）	增速（%）	点赞数（万次）	增速（%）	评论数（万条）	增速（%）
2019	267	67.92	777.41	-52.11	55.01	9.57	0.6522	59.09
2020	261	-2.25	1291.05	66.07	76.76	39.54	0.6200	-4.94
2021	431	65.13	360.01	-72.12	16.66	-78.29	0.7160	15.48
2022	888	106.03	1025.72	184.92	41.10	146.64	0.6419	10.35

TikTok 于 2018 年才逐渐在海外流行，所以 2020 年前的 TikTok 的网络视频数据较少。2020 年，TikTok 有关天府民俗文化网络视频数大幅度增加，播放数、点赞数、评论数、分享数也呈现出爆发式的增长。2020—2022 年，天府民俗文化网络视频的大部分数据都呈现上升趋势，只有分享数在 2022 年有略微减少（见表 2-13）。

表 2-13 2018—2022 年 TikTok 天府民俗文化网络视频相关数据

年份	视频数（个）	增速（%）	播放数（万次）	增速（%）	点赞数（万次）	增速（%）	评论数（万条）	增速（%）	分享数（万次）	增速（%）
2018	4	/	13.01	/	1584	/	0.0016	/	0.0059	/
2019	4	0.00	0.28	-97.85	163	-89.71	0.0007	-56.25	0	-1.00
2020	63	1475.00	325.44	116128.57	304552	1867.42	0.1580	22471.43	0.2648	1.00
2021	188	198.41	3065.07	841.83	1159739	280.80	0.6661	321.58	2.5505	86.32
2022	581	209.04	5715.04	86.46	1308803	12.85	0.9935	49.15	2.3018	-9.75

2. 头部平台的内容选取占比的分类数量统计

在内容选取层面，上述三大国际传播头部平台所发布的天府民俗文化网络视频主要分为生产习俗、生活民俗、娱乐习俗三类。其中，娱乐习俗类（川剧、四川清音、四川武术、凉山火把节、自贡灯会等）的网络视频数量最多，共计 8588 个，占比 53.06%；生活民俗类（川菜文化、川酒文化等）视频共计 6214 个，占比 38.40%；生产习俗类（蜀绣、羌绣、都江堰放水节、四川竹编等）视频共计 1382 个，占比 8.54%（见表 2-14）。

表 2-14　2015—2022 年 Facebook、YouTube、TikTok 平台内容选取占比分类数量统计

项目	数量（个）	占比（%）
生产习俗	1382	8.54
生活民俗	6214	38.40
娱乐习俗	8588	53.06
总计	16184	100.00

3. 分平台内容选取占比分析

如表 2-15 所示，Facebook 中的天府民俗文化网络视频共计 13093 个。其中娱乐习俗类视频的数量最多，共 7020 个，占比 53.61%；其次是生活民俗类视频，共 4798 个，占比 36.65%；生产习俗类视频的数量最少，仅 1275 个，占比 9.74%。

YouTube 中的天府民俗文化网络视频共计 2251 个，其中娱乐习俗类视频的数量最多，共 1295 个，占比 57.53%；其次是生活民俗类视频，共 879 个，占比 39.05%；生产习俗类视频的数量最少，仅 77 个，占比 3.42%。

TikTok 中的天府民俗文化网络视频共计 840 个，其中生活民俗类视频的数量最多，共 537 个，占比 63.93%；其次是娱乐习俗类视频，共 273 个，占比 32.50%；生产习俗类视频数量最少，仅 30 个，占比 3.57%。

表 2-15　Facebook、YouTube、TikTok 平台内容选取占比

平台	项目	数量（个）	占比（%）
Facebook	生产习俗	1275	9.74
Facebook	生活民俗	4798	36.65
Facebook	娱乐习俗	7020	53.61
Facebook	总计	13093	100.00
YouTube	生产习俗	77	3.42
YouTube	生活民俗	879	39.05
YouTube	娱乐习俗	1295	57.53
YouTube	总计	2251	100.00

续表2-15

平台	项目	数量（个）	占比（%）
TikTok	生产习俗	30	3.57
	生活民俗	537	63.93
	娱乐习俗	273	32.50
	总计	840	100.00

4. 视频时长占比分析

在Facebook中，用户最长可以发布240分钟的视频，该平台发布的天府民俗网络视频有长视频、中视频和短视频。由于无法直接从该平台获取每个天府民俗文化网络视频的具体时长，我们共抽取137个有关视频，通过对数据的梳理，发现其中有长视频3个、中视频34个、短视频100个。Facebook中5分钟以内的短视频数量最多，占比73.00%。在YouTube中，用户最长可以发布720分钟的视频。通过在该平台抓取的2122个天府民俗文化网络视频的分析，发现其中有长视频124个、中视频757个、短视频1241个。YouTube中5分钟以内的短视频数量最多，占比58.48%；5~30分钟的中视频数量是三个平台中最多的，占比35.67%。TikTok一开始上线时对视频时长限制是15秒，后来发展到60秒、3分钟，2022年3月开始可以发布10分钟的视频。通过在该平台抓取的841个天府民俗网络视频的分析，发现其中有中视频4个、短视频837个，无长视频，在该平台中，时长5分钟以内的短视频数量最多，占比达到99.52%，中视频数量极少（见表2-16）。

表2-16 Facebook、YouTube、TikTok平台相关视频时长占比

分类	视频时长	Facebook	YouTube	TikTok	共计
短视频	0~5min	100 (73.00%)	1241 (58.48%)	837 (99.52%)	2178 (70.26%)
中视频	5~30min	34 (24.81%)	757 (35.67%)	4 (0.48%)	795 (25.64%)
长视频	30min以上	3 (2.19%)	124 (5.85%)	0 (0%)	127 (4.10%)
总计		137 (100.00%)	2122 (100.00%)	841 (100.00%)	3100 (100.00%)

整体来看，第一，2016—2022年，天府民俗文化网络视频国际传播总体呈现上升趋势，视频发布数量增速较为稳定。第二，传播内容主要涵盖娱乐习俗、生活民俗、生产习俗等方面，其中娱乐习俗类视频获得的点赞数和评论数最多，受众活跃度最高。第三，从传播平台来看，三个平台中最具有传播优势的是Facebook，其发布的天府民俗文化网络视频总量、视频点赞量和评论数是最多的；YouTube相关视频的发布总量、播放数、评论数等数据呈现出反复波动的情况，每年的起伏较大，稳定性不强；TikTok相较于Facebook和YouTube而言起步较晚，2018—2019年其发布的天府民俗文化网络视频很少，2020年起视频总量激增，播放总量也有大幅上升，表明TikTok拥有传播天府民俗文化的巨大潜力。第四，从以上三个头部平台抓取的数据中可以发现：0~5分钟的短视频数量最多，其次是5~30分钟的中视频，30分钟以上的长视频数量最少。Facebook和YouTube的中视频数量虽然不及短视频，但是与TikTok相比而言，前二者的中视频数量更多，说明天府民俗文化网络视频国际传播平台中，传播主体与受众更偏好短视频和中视频，迎合了当下碎片化传播的主流趋势。

第三章　天府民俗文化网络视频国际传播典型案例

第一节　天府民俗文化短视频国际传播案例

一、峨眉武术的短视频再现："90后"传承人凌云的侠胆雄心

（一）传播主题：峨眉武术的现代传承

中国武术根植于中华文化的沃土中，四川最为有名的当属峨眉武术和青城武术。作为峨眉武术的非物质文化遗产传承人，四川雅安的"90后"女孩凌云的视频展示了绝妙的峨眉武术。她因一段下楼扔垃圾的武术展示视频在网络上爆火，随后就开始专注于峨眉武术系列短视频的拍摄。凌云的系列视频以英姿飒爽的女子形象较好地展示了峨眉武术，受到国内网民的关注，同时也通过YouTube、TikTok等平台向海外受众推送。

凌云的视频均以峨眉武术为主题，以巾帼形象展示传统武术招式、武器、服饰等。武术类短视频能够取得如此好的传播效果，是因为精湛的招式能够给人带来视觉刺激，同时能弘扬先人的智慧，展现自强不息的民族精神。凌云四岁时就随当过兵的爷爷练功，爱上武术，在父母的支持下开始习武。为此她付出了许多心血，坚持每天练功一小时，经过刻苦练习，八岁那年就获得国家二级运动员的证书，十岁时独自离家，到乐山市大佛文武学校学习，在大学里也选择了与武术相关的专业。在她的身上可以看到对武术的热爱与传承峨眉武术的决心，视频展示的凌云成长经历成为对中华武术精神生动的诠释。

(二)传播内容:展现峨眉派的精湛武艺

在凌云的视频中随处可见其好身手,大刀、双剑、红缨枪、峨眉刺、鸡毛掸子、扇子等都可以成为她的武器。无论是在热闹的大街,还是在峨眉山间,她都能随时随地展示武艺,其形象让人自然而然地联想到武侠小说中洒脱的女侠。在一个视频中,凌云将眼睛蒙上红布,变身为身着帅气红色古装的女侠,身后的白墙上有"峨眉派"三个大字,背后还有一排迎风招展的红缨枪。只见她以大剑、扇子、单手剑等招式展示了峨眉武术的精髓。视频中最吸引人的是凌云耍峨眉刺的片段(如图3-1所示)。峨眉刺是峨眉派的独门武器,属于暗器,根据古代女子的发簪演化而来,轻巧优雅,是古人智慧的结晶。纵观整个视频,不论是武术招式、传统服饰还是拍摄手法及环境都体现出峨眉传统武术的独特魅力。

图3-1 凌云耍峨眉刺截图

(图片来源于TikTok视频 *Emei Queen* | *Martial arts* | *Timo's Time*)

(三)艺术手法:凝练精彩瞬间

该系列短视频大量运用蒙太奇手法,打破时空的限制进行艺术化表现,对镜头进行巧妙的排列组合,使视频具有戏剧性与感染力。由于短视频时长的限制,在叙事上需要做到简洁、紧凑,视频创作者对峨眉武术的精彩瞬间进行拼接,在短时间内展示了峨眉武术的精彩招式。

为了更好地展示峨眉武术,使画面具有较强的艺术感染力,该视频运用了特写镜头、慢镜头以及推拉运镜,营造出较强的氛围感。武术招式变化迅速、不易被看清,创作者经常使用慢镜头的处理方式(如图3-2所示)。一招一式的慢动作展示,能够让受众看得更清楚,也更能够凝练精彩的武术瞬间。该视频中还大量使用运镜技巧,如通过从远到近的运镜方法,实现人物和场景的转换。镜头跟随主人公移动,随其动作进行远近左右的推拉,使整个画面更有动感。此外,视频背景音乐选取的是气势恢宏的古风音乐,很好地烘托了现场氛围。

图3-2 慢镜头下的武术动作截图

(图片来源于TikTok视频 *Emei Queen* | *Martial arts* | *Timo's Time*)

(四)传播影响:IP形象缺失,影响力偏低

该视频的发布者为Timo's Time,在YouTube上的播放量为18万,点赞量为6663,仅有63条评论。在TikTok上的播放量为1194,点赞量为96,评论仅4条,分享数为2人。① 由此可见,该视频传播范围虽然较广,但受众参

---

① 本书第三、四章相关视频案例的播放量、点赞量、评论及分享等数据收集时间为2015年4月1日至2022年6月30日。

与度偏低,传播效果不理想。究其原因,一是视频创作主体缺乏专业运营团队,视频过于碎片化,没能塑造一个完整的武功高强的女侠形象,未能塑造独特的天府武术文化 IP 形象;二是在头部国际社交平台上没有开设个人账户,其视频均为其他账号代发,国际传播策略缺失;三是视频虽制作精美,能够让人直观地感受到峨眉武术的魅力,但对视频主角人物塑造单一,缺乏情感温度,难以给海外受众留下深刻的印象,而且视频未能巧妙地融入武术科普知识,客观上增大了海外受众的理解难度。

二、真人解说式文化科普:missbeibei 的川菜视频

(一)传播主题:以美食促进文化交流

美食作为人类共同的喜好,能够广泛地吸引海外受众的兴趣,成为海外受众了解天府民俗文化的切入点。川菜作为中国传统菜系之一,有着鲜明的地域特色,在国际上已有一定的知名度,如麻婆豆腐、宫保鸡丁、鱼香肉丝、东坡肘子等菜肴已获得海外民众喜爱。因此,川菜视频有着很好的受众基础,容易取得良好的传播效果。随着经济全球一体化进程,烹饪四川美食的各类食材在世界各地变得易于购买,这为受众在观赏天府美食文化视频后尝试烹饪天府美食提供了便利条件。观看天府美食视频,激发受众烹饪的欲望,有助于天府民俗文化的海外传播。

missbeibei 的川菜视频以四川菜肴烹饪为主题,成为连接海外受众与天府民俗文化的桥梁。视频通过视觉与听觉信息刺激受众的味觉与嗅觉,生动介绍川菜鲜香麻辣的特点,以及四川的气候、川菜特有的香料等知识,使受众能够感受到天府美食文化的魅力,以此达到向受众传播天府民俗文化的目的。视频中包括色香味俱全的各类川味家常菜,以川菜烹饪的视频画面配合主持人的解说,通过特写镜头拍摄出菜肴的诱人色泽,介绍菜肴的制作过程、口感,十分诱人。

(二)传播内容:川菜文化的真人解说

该视频以科普解说的方式呈现,向受众介绍川菜的特点、菜品种类与发展

第三章
天府民俗文化网络视频国际传播典型案例

历史。视频中,主持人站在一幅山水画背景前给观众讲解川菜的含义、特点以及文化背景,上方有一个占画面二分之一的窗口展示烹饪川菜的画面。这种画面与解说相结合的方式,让受众既能直观地感受川菜的美味与神奇,又能通过主持人的解说对画面内容以及川菜文化有更加深入的了解(如图3-3所示)。

图3-3　missbeibei视频中画面与人物相结合的构图

(图片来源于TikTok视频 *What kind of dish is so spicy that you can't refuse it? Let's take a look at Sichuan cuisine from China!*)

令人垂涎的四川佳肴背后是天府之国的人杰地灵和博大精深的传统文化,视频刺激着受众的味蕾,更能带领其探索美食背后的民俗文化内涵。视频除了介绍菜品,还配以四川的美丽风景以及川剧表演的场景,并解释了川菜菜品形成之因:蜀地自古以来风调雨顺、产物繁多,加上湿润的气候使其口味偏重麻辣鲜香(如图3-4所示)。透过屏幕,观众能够更直观地了解川菜的相关历史。

图 3-4　missbeibei 介绍川菜特点的成因截图

（图片来源于 TikTok 视频 *What kind of dish is so spicy that you can't refuse it? Let's take a look at Sichuan cuisine from China!*）

（三）艺术手法：图文结合的多维呈现

missbeibei 亲自出镜进行英文解说，在她上方则会同步呈现解说词与川菜烹饪的视频，这一模式使受众既能够对菜品的文化内涵有深层次的解读，又能够对真实的川菜烹饪图像产生极大的兴趣，做到了文化性与趣味性的结合。

该视频还以极具吸引力的背景音乐进行氛围渲染，使其在众多美食类短视频中脱颖而出。轻快的背景音乐能够调动受众的情绪，增强视频的感染力，使受众产生共鸣。

（四）传播影响：受众关注度较高，但互动性不强

该视频在 TikTok 上的播放量为 110 万，点赞数为 3.1 万，在关注度上取得了优良的成绩，基本达到了传播主体既定的目标。但是，数据显示，仅 88 人对视频进行了分享，评论数仅为 69，出现了播放量与评论数一定程度的脱节。究其原因，一是视频未将川菜烹饪技法与西餐、日料等海外烹饪技法进行对比讲解，没能有效地为海外受众巧妙设置互动评论话题；二是视频未能更好地展现四川百姓有温度的日常生活，进而未能更好地激发海外受众的情感共

鸣;三是视频解说词缺乏幽默感,未能给海外受众带来除美食以外的精神愉悦。

三、中西结合的四川民歌演绎:西洋乐器版《康定情歌》

(一)传播主题:天府艺术与国际艺术的碰撞

天府民俗文化源远流长,在悠久的历史中形成了独特的文化氛围。四川是多民族聚居省份,各民族都有独特的文化,民族文化百花齐放。艺术无国界,越是民族的就越是世界的。用西洋乐器演奏四川民歌,经过艺术加工后用短视频的方式呈现给海外受众,能够以无边界的艺术之美引起受众的共鸣。

独具特色的方言语调,使得四川民歌在我国众多民歌中独树一帜,形成独特的区域色彩。四川民歌体裁形式多样,表现手法丰富多彩,与天府各族人民的生产生活息息相关,有生产劳动中的各种号子,如川江船夫号子、打夯号子等;有各种类型的山歌,如栽秧歌、神歌等;有表达爱情、体现人们生活情趣的各种小调等,反映了勤劳勇敢的四川人民对劳动、对生活的热爱。而民歌作为一种传统民间艺术,在国际传播时能够与其他艺术形式巧妙结合,创作出更易于海外受众接受的文艺作品,吸引他们的关注。airbenderhong 创作的四川民歌短视频在 TikTok 平台的传播,就是其中较好的案例,该视频是用西洋乐器来演奏四川甘孜藏族自治州的《康定情歌》,实现了天府民俗文化与西方文化的融合与创新。

(二)传播内容:乐器与人的情感共鸣

视频创作者 airbenderhong 将四川民歌与西洋乐器相结合,碰撞出了不一样的火花。视频中,一位海外华人与一位外国友人使用竖笛和竖琴两种西洋乐器共同演奏四川民歌《康定情歌》,曲声悠扬美妙,让人心醉。竖琴和竖笛相互配合,使歌曲具有层次感。在歌曲的开头由竖琴引入,竖笛吹出旋律,第二段由竖琴演奏,竖笛伴奏。两种乐器交替演奏,犹如四川民歌中的男女对唱。除了旋律动听,两位演奏者如知己般配合默契,沉浸在忘情的演奏中,在关键时刻他们相视一笑,使受众能够感受到中外友人间的深厚情谊(如图 3-5 所示)。

图3-5　用西洋乐器演奏民歌《康定情歌》截图

（图片来源于TikTok视频 A folk song from Sichuan Province, China）

（三）艺术手法：表现手法单一

该视频的重点是展现音乐演奏的过程，因而制作简单，表现手法单一，仅呈现一镜到底的演出片段。其背景是在音乐演奏者的家中，采用固定镜头的方式录制，更贴近普通受众生活，单一的背景、固定的镜头使受众能够把注意力集中在其所演奏的音乐上。但过于单一的表现方式，在吸引受众持续观看上显得力度不够。

（四）传播影响：对非专业受众吸引力不强

该视频的流量较低，在TikTok上的播放量为472，点赞数为18，仅有1人评论、3人分享。这类以艺术作品演奏为主的视频，其主要受众为对乐器或者民歌有浓厚兴趣的音乐爱好者，对于普通观众来言，吸引力还不够强。若要拓展音乐圈外的受众，应当让音乐视频作品更具感染力与吸引力。如穿插贴近歌曲场景的画面，或选择具有话题点的场景进行演奏，或演奏者在音乐演奏之余与观众有更多的互动，在演奏四川民歌的同时，将民歌背后的天府民俗文化传递给海外受众。

四、流行与传统的碰撞:《青春有你 2》中的川剧变脸

(一)传播主题:川剧艺术的创新

戏剧作为中国传统艺术,有着独特的民族文化底蕴。川剧中的变脸、吐火、顶灯都极具民族特色,通过川剧特有的服饰、戏词、唱腔以及故事情节,受众能够感受纯粹的巴蜀文化。短视频大多通过记录川剧精彩表演瞬间的方式吸引受众的关注。在天府民俗文化国际传播中,川剧作为文化符号可以与服饰、文创等相结合,更好地实现川剧文化"走出去",成为天府文化 IP。例如,《青春有你 2》是一档由中国爱奇艺平台主办的选秀综艺节目,通过对选手们的训练、考核选出一个 9 人组成的偶像团体。由于有国际明星参与,节目在国内外的热度颇高,该节目中的一段选手表演川剧变脸的视频在海外平台上有着较高的传播度,将川剧变脸艺术、偶像表演相融合,通过短视频进行传播,将传统艺术创新融合后呈现在观众眼前。

(二)传播内容:川剧变脸与偶像唱跳的结合

该视频片段出自节目中的一个才艺展示环节,选手金子涵的川剧变脸表演使其在众多选手中脱颖而出,吸粉无数。在选手们的惊叹和欢呼中,她表演了川剧变脸版的节目主题曲《Yes,OK》,将川剧变脸与流行歌曲相结合,在节目主题曲的伴奏下进行变脸表演(如图 3-6 所示)。平日里可爱腼腆的少女形象与身着传统戏服的形象反差,有板有眼的川剧变脸表演,使台下的选手、评委、观众纷纷露出惊讶的表情。

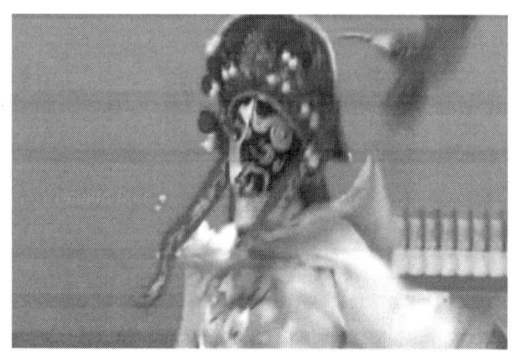

图 3-6 选手金子涵变出双面脸截图

（图片来源于 YouTube 爱奇艺官方视频 *Aria Jin performed face changing while dancing "Yes, OK"*）

（三）艺术手法：川剧文化的时尚化创新运用

川剧作为历史悠久的艺术表演形式，在新媒体蓬勃发展的当下正面临着发展困境。与一些流行节目不同，看懂川剧需要具有一定的川剧文化常识，这使得川剧在新媒体平台上传播时的吸引力不足。而将川剧元素与当今流行文化相结合，将其融入到流行的综艺节目中，则能降低川剧的审美门槛，给川剧带来巨大的流量，有效实现川剧文化的破圈。该节目将川剧变脸融入节目的主题曲中，这种做法为选秀综艺节目提供了一定的借鉴（如图 3-7 所示）。

图 3-7 选手金子涵表演截图

（图片来源于 YouTube 爱奇艺官方视频 *Aria Jin performed face changing while dancing "Yes, OK"*）

第三章
天府民俗文化网络视频国际传播典型案例

（四）传播影响：新型川剧文化的开创性传播

由于《青春有你2》在海外平台的关注度较高，拥有一批稳定的粉丝，因此该表演片段的流量较高。爱奇艺官方账号在 YouTube 平台上发布的此视频有72万的播放量、2万的点赞量和545条评论。评论纷纷表示被金子涵的川剧变脸表演吸引，夸赞她的才华，在认可她的同时也认可了川剧变脸表演。这种川剧文化的新型传播方式为天府民俗文化传播开拓了新思路，即找到海外受众感兴趣的流行文化元素，将天府民俗文化元素融入其中，以此激发海外受众对天府民俗文化的兴趣，在潜移默化中提升了天府民俗文化的影响力。

五、向世界展示天府民俗文化魅力：《成都无边界》

（一）传播主题：借势大运会传播天府民俗文化

2023年夏季，第三十一届世界大学生运动会在成都举办，四川成为全世界关注的焦点。大运会成为成都乃至四川向世界展示形象、传播天府文化的极佳舞台。为抢抓大运会这一难得的国际传播机遇，成都在线上围绕大运会投放了多部短视频进行形象宣传。

天府民俗文化元素是大运会系列宣传片创作的核心元素，它最能直观表现四川人民的生活特质与精神风貌，最易激发海外观众的兴趣，被各国人民接纳。例如，宣传视频《成都无边界》就将天府民俗文化与体育元素、成都中国式现代化的万千气象有机融合，以古老而又现代化的成都为背景，在体育运动的氛围中展示川剧、蜀绣、川菜等天府民俗文化，形成独具文化魅力的画卷。该宣传视频在国内外网络媒体投放，激发了各国青年对成都的向往。

（二）传播内容：传统民俗文化与现代都市的结合

《成都无边界》改变了传统城市宣传片设置静态镜头和旁白解说的拍摄方式，采用无人机对传统文化场景如都江堰、杜甫草堂、宽窄巷子等进行全景航拍，并运用丰富的镜头对蜀绣、盖碗茶、火锅等传统民俗进行多视角全方位的展示（如图3-8所示）。该视频通过传统民俗与成都人民的现代化生活和体育运动图景的快速切换，带给观众动静交融、快慢交替的视觉感受。

图 3-8　成都民俗文化场景

（图片来源于视频《成都无边界》）

视频中对天府民俗文化的呈现并非单调罗列，而是通过巧妙的运镜展示传统民俗与现代生活的紧密联系，从成都人的日常生活和现代建筑群切入，通过无人机拍摄出太古里繁华高楼映衬下的传统四川民居，随着镜头的不断拉近，展现了传统民居的建筑细节及传统民俗活动。视频创作多采用对比手法，将成都的快节奏与慢生活、潮流与传统交替呈现，写字楼的繁忙与茶馆的悠闲相互交织，街头歌手与川剧表演相互映衬，演唱会与皮影戏交相辉映。镜头的快速切换，让观众感受到了一个既现代又充满烟火气、既传统又开放多元的成都，展现了这座城市的独特韵味。

（三）艺术手法：无脚本故事叙述、多技巧展现成都城市精神

创作团队突破了传统宣传片的叙事方式，以真实、温暖的成都生活场景为主线，采用 Unscript（无脚本）的拍摄方法，跳出理性框架，让城市做舞台、市民当主角，叙述真实、感人的成都故事，展现了自然、城市与人民的和谐共生。历时近一年，创作团队聚焦真实的成都人、动人的成都事，深入 200 多个真实场景，与 100 多组市民群体互动，最终形成 117 个镜头，汇聚为 4 分 06 秒的《成都无边界》（如图 3-9 所示）。这种新颖的叙事方式不仅让海外观众对成都产生了浓厚的兴趣，还激发了他们对这座城市的好奇心和探索欲。

第三章
天府民俗文化网络视频国际传播典型案例

图 3-9 市民生活场景

（图片来源于视频《成都无边界》）

为更好地诠释"成都无边界"这一主题，制作团队精心构思，运用了大量的航拍、延时摄影、高速摄影以及 360 度环绕运镜、无缝转场等技术手段。技术语言和镜头语言高度契合，让包容的成都呈现地理、时间、文化、音乐等无边界的万千气象；无缝转场的视觉呈现，描绘出成都不断打破边界的新城市格局，表达了历史与现代相融、古典与时尚共生的特色，及其兼容并包而又独树一帜的城市精神（如图 3-10 所示）。

图 3-10 成都的"传统"与"现代"

（图片来源于视频《成都无边界》）

此外，该视频还巧妙地融入了成都民俗文化元素和现代城市风貌，如雪山、河流、高楼、古寺等，展示山川自然和人文建筑的交融景象，通过艺术化手法将这些元素融合在一起，形成了独特的视觉冲击力（如图3-11所示）。这种创新的表达方式不仅让海外观众对成都的历史和文化有了更深入的了解，还让他们感受到了这座城市的活力与魅力。

图3-11 TikTok平台非官方账号发布的《成都无边界》截图

（图片来源于TikTok@chinesedragontales）

（四）传播影响：基本实现国际传播预期

该视频充分利用了海外社交媒体、视频分享网站及旅游推广App等多渠道资源，在YouTube、Facebook、Instagram等热门社交媒体平台上的多个官方账号（如图3-12所示）及非官方账号（如图3-13所示）均有发布。非官方与官方共同发力，确保信息快速传播和广泛覆盖，针对不同平台的特点和用户群体进行了适当的调整和优化，持续地将成都这座城市的魅力展现给全球观众，以更好地吸引其关注和兴趣。

图3-12 YouTube平台四川文旅局官方账号发布的《成都无边界》截图

（图片来源于YouTube@sichuan）

第三章
天府民俗文化网络视频国际传播典型案例

图 3-13　YouTube 平台非官方账号发布的《成都无边界》截图

（图片来源于 YouTube@成都欢迎你 Welcome to Chengdu）

总的来说，该视频吸引了部分海外观众的关注和兴趣，在 YouTube 平台，非官方发布的点击量达到 5384 次，官方发布的点击量为 180 次。从点击量来看，其在国际传播中有一定的影响力，但也没能完全实现预期目标。究其原因，一是该短视频的创作尽管展现了若干民俗文化元素，但对人的情感表现不足，没能深层次激发观众的情感共鸣；二是该视频没有多语种版本，观看视频的门槛较高。该案例启示我们，天府民俗文化国际传播，要更好地遵循国际传播规律，消除文化理解障碍；要将人文情感的表达与民俗文化的表现有机融合，方能更好地获得海外受众的关注与认同。

第二节　天府民俗文化中、长视频国际传播案例

一、传统技艺融入美好田园生活：李子柒展示蜀绣

（一）传播主题：用镜头传递蜀绣文化

李子柒是四川省绵阳市的一名视频创作者，她的视频大多以美好的田园生活为背景，吸引了大批国内外粉丝的关注，成为 YouTube 中国区排行榜第一的博主。她还担任了成都非物质文化遗产推广大使、中国农村青年致富带头推

广大使。其视频蕴含了大量的天府民俗文化元素，用镜头传递出天府新农村田园生活之美。

其中一个视频就以蜀绣为主题讲述了天府传统刺绣技艺。蜀绣是四川民族服饰的重要代表元素，是百年来形成的充满艺术感的手工技艺，无论是从历史文化的角度还是从艺术的角度探讨，它都是非常具有价值的天府民俗文化传播主题。

（二）传播内容：展示蜀绣技艺

该视频用精美的画面完整地展现了李子柒为绣出一幅好的蜀绣作品，向蜀绣大师拜师学艺，历时一年绣制人物绣品的过程，带给观众极大的满足感、愉悦感。视频记录了她运用覆盖针、斜铺针、沙针、滚针、衣锦纹针等各类蜀绣针法刺绣（如图3-14所示）；还清晰地展现了染料、上料、穿针等细节；也展示了她绣制的其他蜀绣作品，如精美的熊猫、荷花、牡丹等。

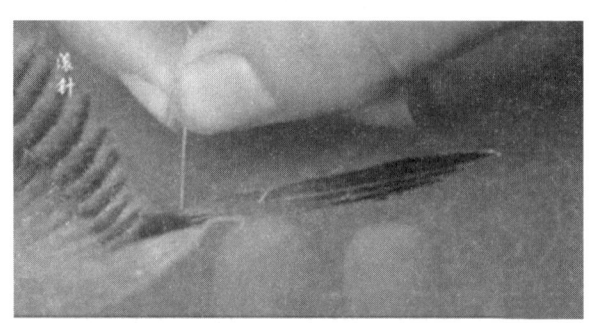

图3-14　刺绣技法滚针的细节展示截图

（图片来源于YouTube视频《千年民俗蕴服章之美，蜀绣文化彰华夏礼仪》）

（三）艺术手法：注重声画的和谐与统一

1. 构图严谨，画面精美

中视频需要在相对较长的时间内吸引观众的注意力，因此其在对画面、声音的处理方面较短视频有着更高的要求。作为国际传播较为成功的案例，李子柒的视频由专业团队制作而成，在声、画、叙事手法上都做得很好，有一定的艺术欣赏价值。在她的蜀绣视频中，远景、近景、特写镜头、空镜头相互结合，使画面层次丰富。构图也非常严谨，人物多在视频中心，常常以各种植物作为前景，构图追求对称与平衡，以精美的构图展现美好的田园风光（如图3-15所示）。在画面的色彩上，她的视频色彩饱和度高且以冷色调为主，画面明艳而有质感。在意义传递方面，充分利用画面这种非语言符号来表现天府民俗文化之美，其视频没有旁白和解说，仅有少量的日常对话。镜头记录着她刺绣的过程，也记录着她身处的美丽田园风光。这种非语言符号在一定程度上削弱了因语言差异带来的隔阂，能让海外观众沉浸在静谧的田园风光之中，更直观地感受蜀绣艺术之美。

图3-15 玫瑰藤下刺绣的李子柒

（图片来源于YouTube视频《千年民俗蕴服章之美，蜀绣文化彰华夏礼仪》）

2. 背景音乐渲染，自然音效烘托

在对声音的处理方面，视频中使用了典雅的背景音乐与大量的同期声。《落日故人情》这首典雅的背景音乐很好地渲染了李子柒学习与制作蜀绣的静逸美好的氛围，较好地调动了观众的情绪，使观众融入其中与她一同体会蜀绣的魅力。该视频还收录了很多自然音效，如雨落声、鸟鸣声、虫鸣声等，这类声音从侧面烘托了田园生活的美好，使田园风光更加真实、立体地呈现出来。在剪辑方面，将春夏秋冬的漫长刺绣过程进行压缩，以各个季节的刺绣片段拼凑出完整的刺绣过程。视频中还插入了田园景色的空镜头，生长的瓜果、结网的蜘蛛、烟雾缭绕的丘陵等镜头，构成一幅和谐美丽的自然环境（如图3-16所示）。视频通过对自然景色与人物的拼接，构造出人与自然和谐共处的美丽景象。

图 3-16 和谐美丽的自然环境

（图片来源于 YouTube 视频《千年民俗蕴服章之美，蜀绣文化彰华夏礼仪》）

（四）传播影响：充分发挥网红博主的吸粉作用

如图 3-17 所示，该视频在 YouTube 平台上点赞量、播放量、评论数都很可观，打破了语言壁垒，较成功地将蜀绣文化传递给海外观众，同时也使海外观众欣赏到天府之国美好的田园风光，进一步助推了天府民俗文化在海外影响力的提升。李子柒以个人为视角的微观叙事，让观众感受到了真实、细微的天府百姓生活，带领观众在平淡的生活中寻找美好，收获了大批海外粉丝，是天府民俗文化国际传播较为优秀的案例。

图 3-17 流量截图

（图片来源于 YouTube 视频《千年民俗蕴服章之美，蜀绣文化彰华夏礼仪》）

第三章
天府民俗文化网络视频国际传播典型案例

二、真人 Vlog 式美食探索：阿星探店

（一）传播主题：川菜老店探秘

川菜包含丰富的菜品，通过 Vlog 方式进行传播，在刺激观众味蕾的同时，也能让观众领略到美食背后蕴含的历史文化。阿星探店又名 Chinese Food Tour，专注于拍摄中国真实、接地气的美食探店视频。这类介绍美食的视频展现了主人公阿星到各个城市探索当地特色美食的过程。其中，探寻四川乐山美食的系列视频一共八集，第二集讲述了阿星探寻乐山街头的一个"苍蝇馆子"张家饭店，带领观众了解最真实的川菜文化的过程。

（二）传播内容：川菜文化的全方位展示

该视频时长为 11 分 37 秒，是以 Vlog 形式拍摄的美食探店类中视频，与短视频相比，讲述者可以从容不迫地表达更多内容，包含除美食外更多的天府民俗文化信息，节奏较慢。视频中，阿星到四川乐山街头的一家小餐馆品尝地道川菜，从选择餐馆、点菜、与老板交谈，到品菜、讲菜等全过程均有详细记录。在视频中，我们还能够看到乐山街头的真实环境：一条老旧的小街，道路两旁一排排老房子，路边停着贴满广告的三轮车、送外卖的电瓶车等（如图 3-18 所示）。阿星以边吃边聊的形式拍摄就餐过程，与老板沟通、点菜，详细地介绍每道菜的制作过程、口感及其蕴含的民俗文化，还向观众科普了川菜的分类：上河帮、下河帮、小河帮。他还在视频中与老板娘交谈，聊到饭店的历史、家族经历等，让观众感受到老板娘的热情好客，以及老餐馆浓浓的乡愁记忆。

图 3-18 阿星在乐山街道上介绍环境

(图片来源于 YouTube 视频 *Sichuan Cuisine in Leshan*, China)

(三) 艺术手法：真实与艺术的完美碰撞

作为探店 Vlog 视频，主要以第一人称视角进行拍摄，阿星在镜头前与观众进行"面对面"攀谈，使观众有一种亲临其境的感受。他详细介绍了餐馆所在位置、餐馆环境、菜品味道与口感，将自己的感受原原本本地传递给观众。同时，视频大量使用了同期声，将街上的噪音、餐馆里的炒菜声、客人交谈的声音都收入其中，让观众能够感受到天府市井生活的热闹与安逸。除此之外，视频中还穿插着一些特写镜头。在与老板娘交流之后，穿插了厨师炒菜、餐厅环境以及川菜特写的画面。经过艺术处理的特写镜头配上愉悦轻快的音乐，让 Vlog 更具有吸引力。

(四) 传播影响：为粉丝普及知识，提供情绪价值

该视频在 YouTube 平台上的传播效果较好，一方面是由于阿星本身有着一定的粉丝基础，从 2019 年入驻 YouTube 平台至今，一直在持续发布系列视频，累积了大量粉丝（如图 3-19 所示）。另一方面是由于其视频能给观众带来知识与情绪上的双重满足。在知识方面，观众能够通过他的视频了解到当地的特色美食、真实环境与历史文化；在情绪价值方面，阿星的性格幽默随和，与观众的关系如朋友一般，让观众在观看其视频时能够沉浸在轻松的氛围中。

第三章
天府民俗文化网络视频国际传播典型案例

图 3—19　阿星探店主页截图

（图片来源于 YouTube 阿星探店账号）

三、非物质文化遗产的传承与发展：青神竹编纪录片

（一）传播主题：非遗匠人与青神竹编

长达 24 分 32 秒的 *Qingshen Bamboo*（《纵横青神竹编》）为成都大虹影视文化公司摄制的非遗系列专题片《技艺巴蜀》中的一集，通过寻找青神竹编工艺传承人的方式拍摄传统竹编工艺。四川省是产竹大省，竹编工艺历史悠久，形成了完整的产业链。发源于四川眉山市青神县的青神竹编，是四川竹编的代表之一。青神竹编是将不同厚度的竹片、竹条手工编织成各种日用品、艺术品的一种手工技艺，当地人民用灵巧的双手制作多样化的竹编作品，既满足人们的生活所需，也满足其精神需求。

（二）传播内容：青神竹编的前世今生

该视频通过对青神竹编专家汪明中的访谈，介绍了青神县竹子生长所依赖的得天独厚的自然地理条件、国际竹编艺术博物馆及竹编工艺的历史（如图

3-20所示);详细介绍了从唐代的生产生活型竹编到明代的日用工艺品竹编,再到清代中期出现像龚扇这样有较高水平的竹编物件,以及竹编工艺渐渐发展成熟的漫长过程;谈到了改革开放之后,青神竹编所得到的前所未有的发展,而今已经有大量的青神竹编工艺品进入东南亚地区。

图 3-20　竹编专家讲解青神竹编

(图片来源于 YouTube 视频 *Qingshen Bamboo*)

该视频向受众展示了青神竹编的三大类:平面竹编、立体竹编、瓷体竹编。平面竹编是指使用柔软的细竹丝编织平面图案,如工艺师们用竹编制成的奥运福娃图,每一幅竹编作品是由 2000 多根薄如蝉翼的竹丝手工编制而成(如图 3-21 所示);立体竹编产品包括墙面装饰品、花篮、灯罩、动物形状的小玩具、鞋帽等;瓷体竹编则是一种在明亮干净的瓷器外表加以竹丝编制的独特工艺品。

图 3-21　平面竹编作品截图

(图片来源于 YouTube 视频 *Qingshen Bamboo*)

第三章
天府民俗文化网络视频国际传播典型案例

作为一种传统手工艺,竹编有着许多制作上的讲究。该视频还记录了竹编的生产过程,科普了竹编手工技艺。其中有手艺传承人张德明带领小女儿选竹、砍竹的画面,还穿插了他讲授选竹、砍竹技巧的访谈片段。破篾这一重要的竹编制作流程在镜头的记录和旁白的解说中得到了清晰展示(如图3-22所示)。该视频让观众详细了解这种手工编制、材料天然的工艺品的制作过程,有助于激发他们对竹编工艺的喜爱和对竹编工艺品的购买欲,进而激发竹编市场的消费潜力。

图3-22 张德明在破篾

(图片来源于YouTube视频 *Qingshen Bamboo*)

为了传承、发扬竹编工艺,青神竹编手艺人不断努力。虽已与国际公司合作,但张德明仍想开发属于中国人自己的竹编品牌,创立了名为"竹福竹艺"的工作室,向一批志同道合的年轻人传授竹编手艺,与他们一起进行竹编产品的创新,将时尚元素注入竹编工艺。韦艳霞负责的"神艺竹体验馆"让更多的人体验竹编手工制作,了解竹编文化。这种将传统工艺传承下去的匠人精神,将一步步推动青神竹编走向光明的未来。

(三)艺术手法:以旁白+访谈方式传递竹编文化

竹编作为一种传统的手工艺技术,工艺流程繁杂、文化底蕴深厚。因此,需要在视频中对竹编技术进行大量解说。该视频以纪录片的形式向受众展示了青神县的竹编文化,通过大量的旁白、解说词向受众详细地讲解竹编的发展状况与制作过程。解说词的加入串起了整个视频,使叙事的逻辑变得清晰、有条理。其中穿插了青神竹编专家与手艺人的访谈片段，讲述了青神县最真实的竹编工艺，也让竹编传承人的形象鲜活地展现在观众面前。此外，视频恰到好处的背景音乐也起到了渲染气氛、调动情绪的作用。

（四）传播影响：视频未按海外版制作，语言障碍影响传播效力

该视频在 YouTube 上播放量不大，主要原因是该视频全程采用中文对白、旁白，且无英文字幕。可见，在将原用于国内传播的天府民俗文化网络视频转化用于国际传播时，需要按照传播目标国受众主流语种进行配音改版，若因经费预算限制，至少需由专业人士配译外文字幕。

第四章　中华民俗文化网络视频国际传播典型案例借鉴

第一节　中华民俗文化短视频国际传播案例借鉴

一、用生活视角记录传统民俗：李子柒制作蓝印花布

（一）传播主题：用视频记录生活，弘扬中华民俗文化

内容创作者李子柒从 2015 年开始拍摄第一个短视频，2016 年凭借短视频《兰州牛肉面》获得了广泛关注，她的短视频注重将中国真实、古朴的传统生活和中华民族引以为傲的美食和文化展现出来，其朴实的拍摄手法吸引了国内外广大观众，如今已成为大家熟知的短视频头部 IP（如图 4－1 所示），2019 年李子柒获得"年度文化传播人物"奖，央视点评其"讲好了中国故事"。

图 4－1　李子柒 TikTok 账号截图

为适应 TikTok 的短视频特色，李子柒官方账号主要发布的是系列视频的

短视频剪辑版。短视频《蓝草的一生？蓝印花布的一生？还是李子柒花裙子的一生？》(*The life of blue calico dresses hand-dyed by Li Ziqi？*) 展现的是江苏省南通市的特色生产民俗——蓝印花布的制作过程，这项古老的染布技术拥有一千三百余年的历史。蓝印花布是中国传统工艺品，该短视频从赏花、制衣到染布、蜡染再到防染浆，完整展示了古色古韵的千年非遗蓝染技术（如图4-2所示）。

图4-2　防染浆技艺

（图片来源于 TikTok 视频《蓝草的一生？蓝印花布的一生？还是李子柒花裙子的一生？》）

李子柒的短视频展现了她对中国传统文化的热爱，对田园牧歌式美好生活的向往。这些民俗工艺场景的展示，让海外观众深切地感受到中国传统文化的魅力，进而认识到中华民族的勤劳与智慧，激发他们来华旅游观光、探寻中华文化奥秘的冲动。

（二）传播内容：展现蓝印花布制作过程

李子柒在镜头前不仅多方位展现了蓝印花布精美的制作工艺，还将制作工艺与日常的生产生活紧密融合，该视频作品表面看是记录日常生活，却艺术化地将中华民俗文化融入其中。视频中，创作者以春夏秋冬时令田园风光为背景，以与奶奶的共同生活为情感线索，记录了蓝印花布的制作过程，从最初的蓝草种植、成熟、收割，再到染料的浸泡、研磨、过滤，最终以手工的形式将防染浆剂拓印在白布上，经染料浸泡后得以制成。视频徐徐展现了蓝印花布精美的制作工艺，并赋予其深厚的情感意义。

(三)艺术手法:融合时间与感情线索

1. 注入感情线索,让民俗文化传播更加动人

李子柒拍摄的系列视频中,无论视频内容和展现形式如何变化,始终有一条贯穿全片的情感线索。在蓝印花布系列视频中,创作者将蓝印花布的制作方法与日常生活巧妙融合,拍摄手法具有强烈的代入感,相较于简单的科普视频,能使受众在感受传统工艺独特魅力的同时被浓浓的亲情打动。

2. 以时间顺序,展现精美工艺

制作短视频,素材剪辑要求高,内容的精练十分重要。李子柒的视频少有语音讲解,如何让观众在短时间内理解视频内容是关键。该系列视频中,创作者并未直接拍摄蓝印花布的制作流程,而是以春夏秋冬的形式将其分割为四段,根据不同时节展现相应的制作步骤,例如在春夏季种植、秋季收获与制作。这样的拍摄手法让视频更具散文般的讲述性,又宛如一幅画卷徐徐展开,让传统工艺在田园诗画中精美呈现。

(四)传播影响:独特的 IP 形象,引起广泛关注

李子柒作为 TikTok 中国分区最火热的博主之一,拥有大量稳定的粉丝,受到世界各国网友的喜爱,在各大平台上拥有较为稳定的视频流量。其账号上发布的系列视频制作精良,节奏轻快,评论区的评论包括英语、法语、西班牙语等多国语言,可见其受众来自不同国家和地区,范围较广、影响力极大。评论者大多表示了对李子柒本人的喜欢以及对其精湛工艺的认可。创作者成功打造了民俗文化 IP 形象,在国际传播中取得了良好的社会效益和经济效益。

(五)案例启示

一般说来美食、手工制作类民俗文化视频的关注度较高,为何较晚进入视频领域的李子柒反而成了国内外各大视频网站中的"顶流"?在其精美的拍摄手法与动人的故事情节背后,最重要的因素还是对观众喜好的深刻把握,创作的视频接受度较高、普适性较强。

1. 突出故事情节,激发情感认同

在李子柒相关视频评论区中,很多观众赞赏其视频节奏舒适。与当今快节

奏、高效率的生活相比，她的视频更注重"亲切感"，如镜头下对蓝印花布的手工制作，始终围绕生活场景展开，其中有给奶奶倒茶、洗脚等生活细节，这些内容看似与蓝印花布的主题没有直接关联，却为视频增添了生活气息，让观众产生情感共鸣，即使是从未接触过民间工艺的观众，也不会产生疏离感。这样的传播方式提高了粉丝黏性，即使每期视频主题不同，但其蕴含的意义却是高度统一的。

2. 突出镜头语言，激发文化认同

李子柒的视频受到他国观众一定程度的欢迎与支持（如图4-3所示），在海外传播有一定热度，最重要的原因还是选择了无讲述式的视频形式，视频用镜头语言展现剧情发展，巧妙突破了语言障碍。在视频中，虽然没有配音讲解，但各国人民都能通过镜头看到中国姑娘收获蓝草、制作染料与染布，感受中国民俗工艺的独特魅力；而孙女与奶奶的情感互动更是"一带一路"沿线各国大众普遍认同的亲情文化，这样的艺术形式有效地向海外受众传达了中华民俗文化的精神内核。

图4-3 李子柒TikTok账号视频评论区情况

（图片来源于李子柒TiKTok账号）

二、从外国人视角展现北京历史文化底蕴：《爱上北京的100个理由·梦开始的地方》

（一）传播主题：展现北京历史文化底蕴

Twitter作为国外主流的社交网站，一直位居流量榜首。近年来随着短视

第四章
中华民俗文化网络视频国际传播典型案例借鉴

频的快速发展,众多社交软件纷纷转型加入了短视频功能,鼓励人们进行短视频的内容创作。Twitter 在具备社交属性的同时,短视频数量也呈现逐年上升趋势。为传递中国声音,讲好中国故事,北京卫视、《人民日报》和新华社等我国主流媒体纷纷在 Twitter 开设官方账号,通过短视频传播方式,以官媒身份在海外社交平台发声。

2020 年 10 月 23 日,由北京市人民政府新闻办公室主办、北京第二外国语学院承办的首届"爱上北京的 100 个理由"主题短视频大赛正式启动,面向在京外籍人士征集 5 分钟以内的短视频作品。大赛以全面、真实地展现北京城市风貌、民俗文化、文化底蕴为主题,以在京外籍人士的视角,分享他们在北京的独特生活体验,呈现他们在北京的丰富人文交流,表达对北京的热爱与真情,通过他们对中华文化的分享与宣传,扩大中华文化国际传播的影响力。

北京卫视 Twitter 官方账号选用了来自密歇根的 Joshua Todd 的获奖美食视频《梦开始的地方》(Beijing:Where The Dream Begin)。Joshua Todd 是一名在京工作生活四年的首都经济贸易大学的外籍教师,在该视频中,他对北京烤鸭等中华传统美食进行了分享与讲解(如图 4-4 所示)。

图 4-4 Joshua Todd 的获奖美食短视频截图

(图片来源于北京卫视 Twitter 账号视频 Beijing:Where The Dream Begin)

(二)传播内容:展现中华传统美食文化

视频中,Joshua 采用混剪的形式,在短短一分钟内展现了北京烤鸭、饺子、小笼包、糖葫芦等传统美食,让观众能在短时间内直观地了解视频表达的主题。在 Joshua 与烤鸭的故事中,视频内容以对美食的介绍与讲解为主,描述了作为一名外国人如何通过一张饼皮、一片鸭肉，了解其背后蕴藏的中华民俗文化。在视频最后部分，Joshua 十分自然地介绍美食，讲述自己在京的工作及美食之旅，表达了对这座城市民风民俗充满喜爱的核心主题。

（三）艺术手法：碎片化剪辑手法拉近作者与观众距离

《爱上北京的 100 个理由》系列视频主要针对的是对中华传统民俗文化感兴趣的外国人，所以从外籍人士的视角进行拍摄与制作。《梦开始的地方》作为宣传类短视频，并未停留在对美食的逐一分析，而是采用碎片化剪辑的形式将多种美食一一呈现，为观众展示了众多传统美食与烹饪手法。视频配以轻快的音乐，讲解以画外音的形式一直贯穿其中，省去了同期声，这一种"画面＋画外音"的剪辑手法使视频更具讲述感（如图 4-5 所示），更贴合外国观众的思维模式与语言习惯，因而更具有亲切感和说服力。

图 4-5　画面与画外音配合介绍传统美食

（图片来源于北京卫视 Twitter 账号视频 *Beijing：Where The Dream Begin*）

（四）传播影响：故事性不够强，情感不够丰满

该视频作品在 Twitter 上的播放量和受众参与度较低。视频内容较丰富、节奏轻快，视角较新颖，北京卫视作为官方推送媒体，本身具有专业传播经验，但令人意外的是传播效果偏离了预期。首届"爱上北京的 100 个理由"主题短视频大赛评选出了 100 部优秀作品，主办方宣布获奖视频将在抖音、快手、B 站、YouTube、Facebook、Twitter、TikTok 等国内外社交媒体平台和主流媒体手机客户端进行传播。作为北京市人民政府新闻办公室主办的活动，大赛的目的是从外国人的视角，用短视频方式讲述最新、最美、最好的北京故

事，打造"爱上北京"的品牌调性，向世界展示北京的独特魅力，总的来说在国内获得了良好的传播效益。但 Twitter 等国外视频网站对该活动的线上宣传却很少见，其获奖短视频也未得到广泛传播，因而在海外的影响力不高。北京卫视 Twitter 官方账号的关注者较少，究其原因，主要是没能很好地呈现外国人在北京的种种奇幻而有趣的人文故事，没能深入展现北京人赋予美食的独特情感，难以吸引海外受众的广泛关注。

（五）案例启示

1. 从特殊视角讲述中华民俗文化

作为宣传中华民俗文化的重要项目，大赛主办方在内容设置上注重文化的交流感。与其他宣传视频不同，该栏目相关视频主要面向各个国家不同文化背景的受众进行传播，其内容较好地体现了包容性、普适性与融合性。视频作者并未选择传统的单向输出的宣传模式，而是将外籍人士作为体验中国美食文化的主角融入视频中，直观地向外国人传递对中华民俗文化的感受，打破文化隔阂，试图激发海外受众的好奇心、兴趣与共鸣。

2. 缺乏对 Twitter 平台传播规律的有效把握

从视频角度看，《爱上北京的 100 个理由》系列视频无论是在活动主题还是内容选材方面都较为出色，但在 Twitter 网站宣传上却遭遇了"滑铁卢"（如图 4-6 所示）。

图 4-6 视频播放量偏低

（图片来源于北京卫视 Twitter 账号推文界面）

究其原因，主要来自两个方面：一是该视频栏目前期宣传投入不足，如此重要的文化活动，一开始就应当进行宣传造势，笔者通过查询发现，在 Twitter 上没有对本次活动进行规模化宣传，导致其影响力缺乏；二是账号运营者对 Twitter 网站的传播规律还缺乏深刻把握，与 YouTube、B 站等视频网站不同，Twitter 的主要功能倾向于社交，也就是流量与互动，但通过对北京卫视 Twitter 账号的观察来看，其发布内容主要来自转发（如图 4-7 所示），缺少原创性，进而导致发布内容曝光率不高，没能产生粉丝"滚雪球效应"。

图 4-7 账号发布内容多为转发

（图片来源于北京卫视 Twitter 账号推文界面）

三、弘扬中华多民族民俗文化：Grand traditional folk dance show in Tibet，China（中国西藏传统民族舞蹈大秀）

（一）传播主题：真实再现西藏民俗文化

新华社于 2013 年底开始涉足海外社交媒体业务，并在 Facebook、Twitter、YouTube 等平台开设账号，是国内较早进入国外网站的官方媒体之一，2015 年 1 月起将账号统一改为"New China"，每天以文字、图片和视频形式 24 小时不间断地向用户推送国内、涉华及国际新闻，用丰富的内容、多

| 第四章
| 中华民俗文化网络视频国际传播典型案例借鉴

样的手段、有效的方式讲好中国故事,积累了丰富的对外宣传经验,并组建专业化队伍,积累了众多粉丝(如图4-8所示)。

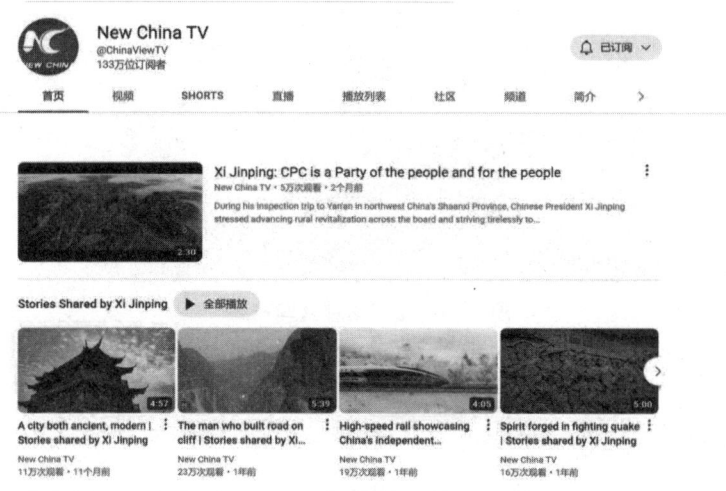

图4-8 新华社YouTube账号截图

新华社的视频 *Grand traditional folk dance show in Tibet*, *China*(中国西藏传统民族舞蹈大秀)选择了藏族传统舞蹈——弦子舞作为拍摄对象。该舞蹈起源于巴塘,广泛流传在西藏昌都和云南、青海、四川等省的藏族聚居区,在节庆、婚嫁、集会时,以弦子为乐器,随着音乐旋律,男女围成圆圈、双手甩动长袖翩翩起舞。弦子舞历史悠久,唐朝时期以单一的拉唱为主,是以家庭形式进行演出的小型歌舞。"茶马古道"的兴起,为弦子舞注入了创新和发展的生机。弦子舞以日常生活为题材,流派较多,表演体系完整,极具民族特色、地域特色和艺术特色,是国家级非物质文化遗产之一,具有极高的研究价值。

(二)传播内容:展现西藏弦子舞魅力

该视频主要面对国外观众,视频内容均为英文。在视频中,新华社记者以实地探访的形式对现场活动进行讲解,但与传统实地探访类视频不同的是,该视频创新地运用了Vlog视频形式,记者不仅完成了基础的报道任务,将弦子舞的活动背景自然地融入了报道场景,而且将观众的视角带入舞蹈的人群中,展现了成千上万的藏族同胞高举哈达,男女老少聚集在一起载歌载舞的壮观场

099

景（如图 4—9 所示）。

图 4—9　藏族同胞共同舞蹈

（图片来源于新华社 YouTube 账号 *Grand traditional folk dance show in Tibet*, *China*）

（三）艺术手法：紧跟短视频潮流，创新拍摄手法

传统实地探访报道的拍摄机位多为固定机位，且记者一般无法在活动现场自由移动，但在该视频中，记者紧跟短视频发展潮流，将传统拍摄方式变化为"手机+支架"的简易拍摄方式，轻量化的镜头更容易跟随记者到现场各处进行探访，丰富了弦子舞现场民众娱乐画面的拍摄角度。同时，使用无人机进行航拍，展现大型活动的壮观场景，更好地对现场信息进行补充（如图4—10所示）。

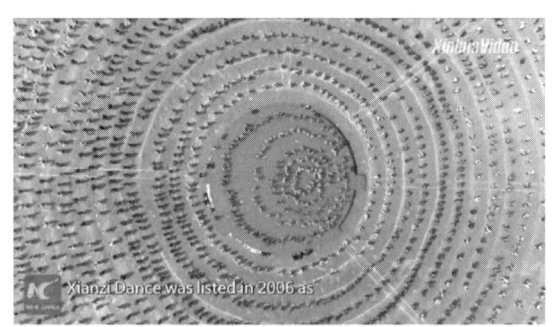

图 4—10　视频使用航拍提升拍摄效果

（图片来源于新华社 YouTube 账号 *Grand traditional folk dance show in Tibet*, *China*）

（四）传播影响：选题新颖独特，有效提升关注度

作为有着多年海外视频经验的官方媒体机构，新华社组织专人专班开展国

际宣传，产生了良好的传播效益，仅其 YouTube 官方账号 New China TV 就拥有大量粉丝，视频原创性强，内容连续，主题鲜明。视频海外传播要达到预期目标，较大程度上得益于题材的选择。西藏民俗文化是中华民俗文化的重要组成部分，藏族弦子舞这样的原生态民间艺术给世界各国民众带来天然的神秘感，视频创作团队抓住海外观众的好奇心理，将美丽的青藏高原风光和藏族舞蹈呈现给观众，发挥了向世界传播新时代新西藏的积极作用。

（五）案例启示

1. 打造专业团队

作为较早入驻海外社交平台的媒体机构，新华社在全媒体格局下，拥有较强的专业化人才团队，针对海外各大视频平台进行分析研究，并对海外视频平台媒体账号进行专业化管理，从总社编辑部和亚太、中东、非洲、北美、拉美、欧洲、亚欧七个海外总分社选派精干采编力量负责这项工作。专业化的人才队伍，让新华社在面对海外视频平台不同的环境时游刃有余，积累了众多国外粉丝，有效推动了中华传统民俗文化国际传播。

2. 注重视频原创性

新华社"New China TV"YouTube 视频号一改官方媒体海外宣传以转发或剪辑视频为主的传统习惯，积极发布专门为海外观众量身打造的原创视频，从策划、创作到发布，均遵循传播规律，充分考量海外受众文化心理，用神秘的青藏高原与独特的藏族舞蹈艺术"天人合一"的巨大魅力打动各国观众，从而达到了预期的传播效果。

第二节　中华民俗文化中、长视频国际传播案例借鉴

一、宣传家乡民俗，传递中国声音：《远方的家》系列视频

（一）传播主题：面向世界，弘扬中华家文化

CCTV4 中文国际频道作为中央广播电视总台面向世界的专属宣传媒体，以电视栏目为背景，在 YouTube 视频网站建立了视频账号，主要采用视频专业化模式，从政治、历史、科技与文化等板块，按照视频内容进行分区排版，极大提升用户在视频网站的观看体验。该频道具有多年对外宣传的经验，在引导国际舆论、宣传中国立场、传播中华民俗文化等方面卓有建树。在此基础上，积极扩展网络视频宣传途径，抓住"互联网+"的发展机遇，打造专业化、模块化视频网络平台。

"家文化"作为 CCTV4 中文国际频道重要选题之一，刊播了系列旅游栏目《远方的家》。例如，YouTube 视频网站《远方的家》20221230 期节目《行走山水间 运河之城寻美味》，其中一个段落选取了天津非遗美食卢记永兴德绿豆潮糕的手艺传承人为拍摄对象，讲述了创始于清末的绿豆潮糕历史、手工制作工艺流程，真实再现天津民众对绿豆潮糕的喜爱，宣传地方特色美食，从一个侧面反映我国民俗文化遗产的传承与发展。

（二）传播内容：以游记形式带观众领略美食文化

《远方的家》系列节目开播于 2010 年 12 月 1 日。主持人以导游的角色，对各地饮食民俗文化进行解读，并对当地相关风土人情一一介绍，创作形式更注重表现体验者的亲身经历，向受众传递真情实感。

在《行走山水间 运河之城寻美味》视频中，先以中国大运河在 2500 年间的历史文化背景作为铺垫，再从主持人视角，以"探店"的形式开启对绿豆潮糕的探寻之旅，将主持人品尝绿豆潮糕与画外音相配合，为揭秘其制作过程进

行铺垫,给观众留下悬念;从绿豆潮糕的历史发展、原材料取材、制作流程进行分析,深入解读当地特色民俗文化与生产生活的紧密关系。

视频通过主持人与非遗第五代传承人卢学刚的交流,讲述手艺传承的艰辛和对传统手工制作的坚持。最后通过向现场顾客提问,引出绿豆潮糕背后的文化价值——无论多远都要记住家乡的味道,回扣节目"家"的主题,激发观众情感共鸣(如图4-11所示)。

图 4-11 糕点寄托着乡愁 承载着家乡记忆

(图片来源于 CCTV4 中文国际频道 YouTube 账号视频《行走山水间 运河之城寻美味》)

(三)艺术手法:感官体验式交流与镜头变换结合

1. 交流感与体验感的完美融合

《远方的家》在节目开始时,采用外景主持人引导镜头的形式带入,引领观众一步步对当地民俗文化进行了解。镜头跟随主持人动作手势的引导进行移动拍摄,这样的拍摄形式让观众如身临其境,更具体验感;主持人一边讲解一边及时反馈自己的感受,让节目表现更加直观、真实,更具交流感,较好地实现主持人语言与镜头语言相辅相成的创作效果。

2. 通过镜头的空间变换优化视频节奏

与短视频主打"高效、碎片化"不同,中、长视频更加注重节奏感,带领观众逐步进入主题。《远方的家》的拍摄手法与 Vlog 视频的拍摄手法类似,跟随拍摄与定点拍摄相结合,多维度展示拍摄主题,更好地通过镜头语言实现情感的自然流露。摄像机跟随主持人的步伐走近顾客,镜头拉进,聚焦于主持与被采访人,增加双方交流感,而对被访者的近景拍摄,也拉近了观众与讲述者的距离(如图4-12所示);当拍摄主持人品尝绿豆潮糕时,又多采用特写等手法。如此灵活自如的镜头切换,达到了增强观众现场感、体验感的目的。

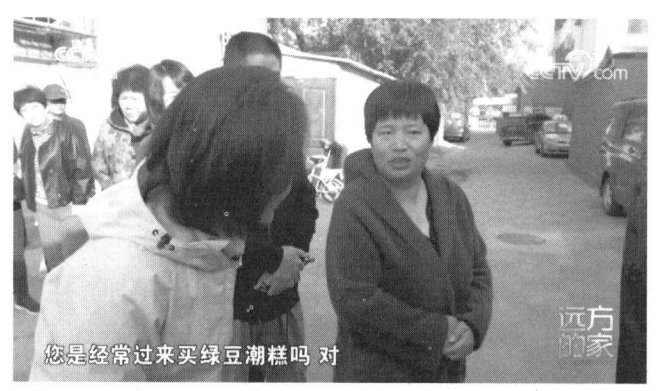

图4-12 被访者的近景拍摄拉近观众与讲述者的距离

(图片来源于CCTV4中文国际频道YouTube账号视频《行走山水间 运河之城寻美味》)

(四)传播影响:选题创作深度不够,传播效果一般

CCTV4中文国际频道在YouTube视频网站中拥有大量粉丝,但《远方的家》系列视频的平均播放量并不大,可见传播影响力有限。究其原因,一是创作题材新颖度不够,线上相同类型的视频较多,对观众而言缺乏新鲜感;二是创作深度不够,家乡美食、风俗、风光等能够唤起人们的乡愁记忆,但这仅是浅层的乡愁,进一步讲述"家"的动人情感故事,才能唤起观众的情感共鸣。

(五)案例启示

1. 系列视频形式同质化较明显

《远方的家》系列视频,各集创作风格同质化较为明显,这是系列视频在YouTube推送后流量不尽如人意的主要原因。这也从一个侧面反映出CCTV4中文国际频道作为电视传播机构,对网络新媒体传播的规律把握还不够深刻,没能及时应对从电视单向传播到互联网双向传播所带来的革命性变化,一定程度上沿袭了传统的电视传播思维。

2. 相关人才储备不足

新媒体时代的大背景下,许多官方媒体纷纷入驻视频平台,以增加自己的影响力。作为全球视频头部平台之一,YouTube 有着复杂的数据流量管理模式以及多样的受众类型,需要广泛汇集视频运营领域人才。如果仅简单地进行"输出式"账号运营,未完整掌握视频平台流量运作模式,就难以把控账号的运营现状,导致与观众沟通的效率下降。

二、中华传统武术走向世界:戳脚翻子拳

(一)传播主题:弘扬中华武术文化精髓

成立于 2016 年 12 月 31 日的中国国际电视台(CGTN:China Global Television Network)也称中国环球电视网,是中央广播电视总台面向全球的新闻国际传播机构,拥有 6 个电视频道、3 个海外分台、1 个视频通讯社和新媒体集群。

与 CCTV4 中文国际频道面向全球华人华侨不同,中国国际电视台主要面向海外观众,所以从传播主题来看,更注重从外国人的习惯与视角展现中华文化的内涵,其在 YouTube 平台发布的内容也以传播中华优秀传统文化和中外文化互动交流为主。

中国国际电视台 YouTube 账号拥有细化的视频分区,武术作为中华民俗文化重要代表,以独立分区的形式向外国观众呈现,每期视频均选择一种中华武术,将发源历史与人文故事相结合,向观众表达故事中所蕴含的思想与价值观。其中,视频 *Chuojiao Fanzi Quan:Emphasize self-defense rather than attack*(《戳脚翻子拳:强调自卫而不是攻击》)讲述了中华传统武术传承人张爱霞从小对武术充满追求与热爱,因不满足于父亲教授的简单拳法,拜师吴斌楼嫡传弟子钟海明先生,学习北方传统拳法戳脚翻子拳的故事。

(二)传播内容:北方拳法的传承与发扬

在西方动作电影中,打斗戏多以力量、暴力的形式进行展现,主角无不强壮有力,且富含个人英雄主义色彩,但中华传统武术则注重人与自然的和谐,

其动作皆出自动物行为或源于生产生活。在该视频中,并未简单直接介绍戳脚翻子拳,而是选择以讲述武术传承人张爱霞的成长故事作为铺垫,讲述她拜师学艺,不断追求更高水平的精神,同时详细介绍作为闭门拳法的戳脚翻子拳在动作上与其他传统武术的区别,动作舒展并非大开大合,注重脚面上的功夫使其成为"南拳北腿"中的"北腿之杰"(如图4-13所示)。虽是武术题材的视频,但并未宣扬暴力,提出了"不崇尚武力,只求本领的提升;出击但不伤人才是功夫到家"的核心观点,也侧面衬托出中华武术所蕴含的"中庸""平和"等人文精神。

图4-13 张爱霞向师傅学习拳法

(图片来源于视频 *Chuojiao Fanzi Quan*:*Emphasize self-defense rather than attack*)

该视频选取张爱霞这位女性武术传承人作为拍摄对象,视频全程从张爱霞的角度进行讲述,以新视角反映新时代,在宣传中国武术的同时,传播"巾帼不让须眉"的理念,对构建性别平等的民俗文化、摒弃歧视女性的不良观念有着积极的意义。这样的创作策划,契合当今世界文明发展潮流,能在国际传播中成为"加分项"。

(三)艺术手法:传统与现代的碰撞

1. CG科技与传统武术的融合

在视频的开篇,制作者选择精美的CG动画作为开场。在动画中,武者施展出经典招式,再加入紧凑的音乐,让画面充满节奏感。通过CG技术,跟随武者的动作进行打光,尽显大气舒展,并将"功夫"两字与本期节目的拳法名

第四章
中华民俗文化网络视频国际传播典型案例借鉴

称，随武者的动作收束定格在中国传统水墨画上（如图4-14所示）。该视频采用武者"动作+动画特效"的方式开场，镜头跟随武者的拳脚动作不停变换，增强了视觉美感，为吸引受众持续观看奠定了基础。

图4-14 CG开场最终定格画面

（图片来源于视频 *Chuojiao Fanzi Quan*：*Emphasize self-defense rather than attack*）

2. 以现代视角讲述传统故事

戳脚翻子拳作为中国传统拳法，可追溯到元末明初，拥有600多年的历史。在快速发展的现代社会，如何更好地传承发扬中华武术，让其更好地适应现代社会的需求，是重要的课题。该视频巧妙地实现了中华传统武术与现代生活的接轨，例如，拍摄张爱霞打拳的镜头，除选择老式四合院、田野等场景外，还将现代建筑、都市街景作为武术表演外景，表现出中华传统武术与现代文明的契合（如图4-15所示）。

图4-15 张爱霞在城市之中打拳

（图片来源于视频 *Chuojiao Fanzi Quan*：*Emphasize self-defense rather than attack*）

（四）传播影响：动作画面＋英文画外音提升观众接受度

该视频在 YouTube 平台的播放量非常可观（如图 4－16 所示），除了功夫视频自带的对外国人的吸引力之外，更重要的是，该视频更注重外国观众能听懂看懂，将武术传承人拉到镜头前，用"动作画面＋英文画外音讲解"的形式，简单快捷地将中国传统武术中不为国外观众熟知的内容介绍清楚，从而成功获得海外观众的关注，在评论区也形成一定热度（如图 4－17 所示）。

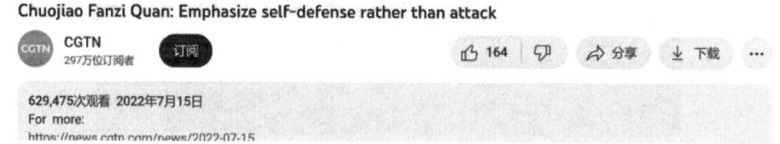

图 4－16　视频播放量与点赞数截图

（图片来源于视频 *Chuojiao Fanzi Quan*：*Emphasize self-defense rather than attack*）

图 4－17　视频评论区截图

（图片来源于视频 *Chuojiao Fanzi Quan*：*Emphasize self-defense rather than attack*）

（五）案例启示

1. 遵循国际传播规律构建新媒体传播平台

中国国际电视台遵循网络新媒体传播规律，网站的排版设计与分区较为科

第四章
中华民俗文化网络视频国际传播典型案例借鉴

学合理,并能大胆创新,突破传统媒体的约束;针对海外观众浏览习惯,艺术化地设计视频片头版式,有效提高吸引力。

2. 针对海外观众需求精准选取传播题材

在视频创作过程中,深入调研海外观众需求与喜好,选取武术等中华优秀传统文化作为题材,采用现代镜头语言,用海外观众喜闻乐见的方式讲述中国故事,获得较好的国际传播实效。

三、文物活化:展现唐朝女性服饰的百年之美

(一)传播主题:还原唐朝女子服饰

YouTube平台的当红汉服博主"十音"(Shiyin)是海外知名汉服博主,其视频形式多样,以展示中华传统服装为主,其主页内容展现了一名热爱生活、喜好汉服的中国女孩形象。她在分享生活的同时,也向外国网友讲解汉服文化,获得大量海外观众的关注与支持(如图4-18所示)。视频《大唐女子图鉴|唐朝女子百年之美:依照文物复原4套大唐风格造型》中,十音对著名的唐三彩女坐俑以及《围棋仕女图》《簪花仕女图》中的唐代风格服饰进行了模仿,按照初唐、盛唐、晚唐三个历史时期,尝试重现唐代女子服饰之美。

图4-18 自媒体博主十音主页截图

(图片来源于自媒体博主十音YouTube账号)

(二)传播内容:模仿展示文物服饰

作为以中视频传播为主的自媒体博主,十音的大部分视频时长在10分钟左右,既能较好地保证讲述的完整性,也能减少观众在观看视频时的疲劳感,更好地展现视频内容。

中视频的创作,往往开篇就要依靠核心内容抓住观众的注意力。十音选择从最基础的妆容与发型的模仿开始来展示汉服之美,从素颜起始,经化妆点缀,梳头定型,着装整饬,终至形象完美成型,以快动作的形式短短几秒展示,突出视频主题。在视频的前半部分,根据初唐、盛唐、晚唐的时间顺序,展现了唐朝各时期服装的特征与寓意。经过视频讲解,观众能轻松分辨出唐朝不同时期的服饰,并了解该时期社会、经济、文化的特征(如图4-19所示)。

在进行定格展现之后,为使海外观众更进一步理解汉服文化,又将镜头拉回到拍摄现场,以边穿搭边讲解的方式,详细解释不同服装形制的各种特色,例如唐三彩女坐俑中,所穿的裙子是将布破成三十个直角梯形再缝合而成的,故称"三十破裙",十音进而讲解"破裙"的目的是多拼线,满足初唐时期人们对"高瘦为美"的追求。通过详细的介绍,丰富了视频内容,又让不熟悉中华文化的外国观众对唐代服饰有了初步的认知。

图4-19 服装定格照与文物

(图片来源于YouTube视频《大唐女子图鉴|唐朝女子百年之美:依照文物复原4套大唐风格造型》)

第四章
中华民俗文化网络视频国际传播典型案例借鉴

（三）艺术手法：拍摄形式自然多变

作为自媒体汉服博主，十音的拍摄手法简洁而专业。视频采用近景、中景与远景来回切换的定点拍摄模式，近景注重妆容与发型设计的拍摄，中景与远景更加注重服装上身后的整体呈现。开篇定点拍摄展示结束后，为更深入地讲解中华传统服饰背后的故事，视频拍摄手法变得更加灵动自如，采用多角度的拍摄形式，让观众能了解到妆容与发型细节所蕴含的意义，每到重要部分配以图片、古风音乐与画外音，从文物与现代模仿服饰中提炼其背后所蕴含的故事与文化内涵。

（四）传播影响：视频特色鲜明，受众黏度较高

该视频在 YouTube 平台上获得极大的播放量，点赞和评论数也相当可观。获得这样成功的视频流量，除博主十音在 YouTube 平台本身拥有大量活跃粉丝外，最重要的还是源于专业的拍摄手法和知识性强的优质内容。同时，稳定的主题也是流量聚集的关键，虽然该博主的视频形式多变，有纪录片、Vlog、网络节目等多种类型，但汉服一直是贯穿其所有视频的重要线索，使粉丝属性更加贴合其汉服主题。

（五）案例启示

1. 精准把握主题文化内涵

该视频用长达 7 分钟的时间讲述唐代服饰妆容的变迁，从初唐眼角向下、眼尾轻画的妆容特征，到晚唐的簪钗特色，以及不同时期服饰变换的转折点，多条线索来回交织，复杂的唐朝女子服饰更迭，体现了创作者对中华传统服饰文化的深刻了解，表现出较高的专业水准，给予海外观众较高的可信度。

2. 细腻而丰满的艺术化呈现

该视频在创作过程中做到了精心策划，既图文并茂地讲解唐代服饰的变迁，又通过实物展示、穿戴过程展示等进行科普讲解，同时讲述服饰背后的人文故事。采用多种拍摄手法，镜头语言细腻而丰满，对观众保持了较强的吸引力。

第五章 天府民俗文化网络视频"一带一路"传播策略

随着数字技术的不断发展，观看网络视频成为人们接受资讯与娱乐的重要渠道，网络视频也随之成为重要的传播载体。采用网络视频方式实现天府民俗文化传播是必然选择，然而受语言、价值观以及文化差异等诸多因素影响，天府民俗文化网络视频海外传播较国内传播存在一定困难，需要采取一系列适当策略破除传播壁垒。

第一节 天府民俗文化网络视频"一带一路"传播内容选择

一、以人类共同价值观为导向，提升天府民俗文化网络视频内涵

总体来看，天府民俗文化中不乏创新创造、时尚优雅、乐观包容、友善公益等内容，体现着人类共同价值观。但我们应当客观认识到，并非所有的天府民俗文化均适宜"一带一路"传播，仍需去其糟粕、取其精华，遵循"和平、发展、公平、正义、民主、自由"的人类共同价值观，以尊重文化传播目标受众国文明为前提，在策划、制作天府民俗文化海外版网络视频时，科学而艺术地对天府民俗文化进行整理与重塑。中国科幻电影《流浪地球》成功打破美国科幻电影垄断，在国内外电影市场走红，除电影制作技术水平的提升外，电影

中所传递的"和平""亲情""使命感"引起了中外观众的共鸣。天府民俗文化网络视频国际传播应当以此为借鉴，用人类共同价值观去诠释其精神内核，将全球"共同"或者"共通"的文化价值观蕴含于所传递的内容之中，以此增进"一带一路"沿线各国民众的认同与情感共鸣，更好地融入国际文化交流交往，传递好天府声音，讲好天府故事。

二、以多民族文化为背景，打造特色化天府民俗文化网络视频内容

四川是多民族聚居的省份，天府之国有4000余年文明史，在悠久的历史长河中，各族人民都创造了灿烂的文化。天府民俗文化是以汉族为主，多民族共同创造的精神财富。

在策划制作天府民俗文化海外版网络视频过程中，创作者应当高度重视四川各民族民俗文化的差异性与共同性，努力做到以下几点。一是要立足全省大局拓宽视野，将四川各民族民俗文化全部纳入"一带一路"传播范畴。二是要站在多民族文化融合发展的视角，注重汉文化与各少数民族文化的相互融合与借鉴，深刻领悟天府民俗文化具有的强大的文化包容性。三是要凸显由四川多民族合力创造的天府民俗文化符号，打造并传播天府民俗文化IP。四是要彰显四川各民族民俗文化特色，特别是少数民族民俗文化的古老与神秘，将天府民俗文化包含的"天人合一"的哲学思想，连同美丽的九寨沟、迷人的羌寨等一并展现在"一带一路"各国观众面前。

三、以四川文商旅融合发展为目标，提高天府民俗文化网络视频的文化张力

今日之中国，推动高质量发展，需要加快形成"以国内大循环为主体、国内国际双循环相互促进的新发展格局"。在这样的背景下，四川提出了高水平对外开放，打造改革开放新高地的战略布局。四川的高水平对外开放，是一、二、三产业全面融入国际循环的对外开放，是面向"一带一路"前沿的对外开放，其中第三产业的对外开放占据举足轻重的地位。四川的第三产业中，文

化、商贸、旅游占比最大，在全省拓展国际市场中分量最重，这不仅是因为四川文化、旅游资源富集，历来是文化大省、旅游大省，而且，随着成都双国际机场的形成，蓉欧班列的高速发展，四川已成为中国西部国际贸易排头兵。

在拓展海外市场的过程中，四川需坚持走文商旅融合发展之路。四川商品要远销海外，需要天府文化赋予其特色与内涵；四川风光要能吸引海外八方游客，需要天府文化赋予其独特的人文魅力。从这个意义上讲，做足文化这篇文章，是推动四川第三产业高水平对外开放的关键环节之一。因此，我们在天府民俗文化国际传播的实践中，不能单纯就文化传播谈文化传播，要从文商旅融合发展、携手走向世界的维度进行深入思考，这也是大力促进天府民俗文化"一带一路"传播的重要目的之一。

正因如此，在策划制作天府民俗文化海外版网络视频并进行"一带一路"国际传播的过程中，需要重点考量以下几项策略：一是要将四川自然旅游资源巧妙设计为展示天府民俗文化活动的环境，构建自然风光与民俗文化融为一体的展演场景，激发"一带一路"受众来川旅游观光的热情；二是要着力展现天府民俗文化的匠心与工艺，推出富有四川文化特色的产品，激发"一带一路"受众购买四川产品的欲望；三是要将四川的民乐、戏剧、美术以及美食文化、茶文化等巧妙地融合在天府民俗文化网络视频之中，激发"一带一路"受众的文化认同，助推四川文化产业、服务业更好地走向世界。

第二节 天府民俗文化网络视频"一带一路"传播表达方式

一、微型纪录片：以真实影像记录天府民俗文化

与传统纪录片相比，微型纪录片的切入视角较小，时长较短，且文本更易理解，能较好地迎合受众碎片化的浏览习惯。例如，2021年12月，央视CCTV9纪录频道推出系列微纪录片《茉莉花开》，并同步上线，创作团队选择了五位在华的外籍艺术创作者，通过镜头对他们在中国追寻非遗技艺的经历

第五章
天府民俗文化网络视频 "一带一路" 传播策略

进行记录。其中,第二期《寻者漆艺》记录了在巴蜀生活15年的法国漆艺家文森,为寻找创作灵感深入大凉山考察彝族漆艺的过程。片中,文森与两位彝族漆艺传承人进行深入交流,在中西方思想的碰撞下创作出了独具特色的漆艺作品,让深藏在大凉山中的漆艺作品在本土艺术展上大放光彩(如图5-1所示)。该片叙事方式新颖,采取"外国人讲述中国非遗故事"的独特视角,为天府民俗文化国际传播破解文化隔阂提供了便捷路径。

图5-1　法国漆艺家文森与成都漆艺传承人交流

(图片来源于央视网微纪录片《寻者漆艺》)

二、故事片:以天府民俗文化为背景讲述动人故事

故事片是运用影像和声音进行叙事,由职业或非职业演员扮演的具有一定故事情节的电影作品。故事片常常通过对社会生活及人物内心世界的描绘,帮助观众认识生活,给观众以思想启迪和美的享受。随着新媒体的发展与普及,故事片作为一种创作形式也融入网络视频的创作中。

与纪录片不同,故事片类网络视频是将天府民俗文化作为故事演绎的背景,让海外观众在观赏故事情节的同时潜移默化地接受天府民俗文化的熏陶,从而巧妙地实现天府民俗文化国际传播。例如,川剧电影《卧云》生动地讲述了四川达州基层川剧艺人的人生故事,表现了艺人的生活、事业艰辛和个人情感,影片始终以巴渠河流派川剧的传承与创新为创作素材,以达州市井生活和风土人情为故事背景,有效实现了天府民俗文化的传播。

三、科教片：以知识、技艺的讲授演示传播天府民俗文化

科教片是以影像为载体，传播文化知识的一种艺术科普形式，具有唯物辩证思想教育的基本特征，可让受教育者增长知识。在天府民俗文化"一带一路"传播中，科教片类网络视频采用天府民俗文化知识、技艺讲授+演示的方式，能够更加直接地传播天府民俗文化。

传统科教片内容呈现较为严肃，甚至枯燥，无法较好地吸引受众。我们制作天府民俗文化国际版科教片类网络视频，目标受众是"一带一路"沿线各国民众，他们与我们的社会背景、文化背景不同，因此，应提升科教片类网络视频的趣味性，做到寓教于乐，才能达到传播预期目标。以Facebook的博主Goldthread发布的皮蛋科普视频为例，凉拌皮蛋在川渝地区颇负盛名，但因为饮食习惯的不同以及对皮蛋制作工艺的不了解，外国人对于皮蛋的接受度比较低。该视频创作者抓住了国内外受众对于皮蛋的态度差异，对四川皮蛋的制作以及烹饪过程进行了科普说明（如图5-2所示），具有一定的趣味性，让海外观众能够进一步认识天府美食文化的独特性，激发他们的兴趣。

图5-2 Goldthread的皮蛋科普视频截图

当今社会公众对科学知识传播的参与程度日益提高，传播主体日趋大众化。在新媒体技术不断迭代升级的背景下，移动互联网的发展深刻改变了传统科教视频的传播逻辑，通俗化趋势明显，而科普类短视频凭借其短小精悍、声画并茂的视听优势，改变了传统科普视频的窘境，备受推崇。天府民俗文化科

第五章
天府民俗文化网络视频 "一带一路" 传播策略

普短视频主要的创作形式包括真人出镜讲述、情景剧或图文＋配音、动画等，在五分钟的时长内，传播者以轻松有趣的方式传播科普知识，观众接受度较高。

四、娱乐短片：以娱乐化方式传播天府民俗文化

娱乐片是一种通过表现人物的喜怒哀乐引起观众的愉悦感，并带有一定启发性的影片。为了提升天府民俗文化"一带一路"传播影响力，在进行网络视频创作时，以天府民俗文化为场景、道具，设计与其相关的娱乐活动，保证活动的游戏性、高趣味性，能使海外观众在更加轻松、愉悦的心境中认识、接受天府民俗文化。湖南卫视娱乐脱口秀节目《天天向上》就是值得借鉴的例证。该节目在2021年8月推出暑期特别企划之自贡宝藏行，在节目中主持人来到自贡体验千年盐都的制盐工艺，品尝盐帮美食，体验自贡灯会（如图5-3所示）。创意化的游戏环节让观众在捧腹大笑的同时，也随着主持人的介绍对自贡文化有了更深入的了解。该节目播出后，相关视频片段在网络上引发热议，多个相关视频登上新浪微博热搜，也引发了网友对于自贡文化话题的讨论。

图5-3 《天天向上》自贡专题节目宣传海报

（图片来源于《天天向上》官方公众号）

五、新闻报道视频：及时有效传播天府民俗文化

在天府民俗文化网络视频"一带一路"的传播过程中，主流媒体作为"主力军"，发挥着举足轻重的作用。以中央广播电视总台、新华社、《人民日报》等为代表的主流媒体，在YouTube、Facebook、Instagram等网络社交平台开设账号，助力中华优秀传统文化国际传播。例如，中央广播电视总台开设的中国环球电视网，在新闻报道中常常介绍中华传统文化，其中也对天府民俗中的羌绣文化等有所涉及，通过画面与解说词，国外观众能够领略到羌绣的独特魅力，更直观地了解天府民俗文化（如图5-4所示）。

图 5-4　*The World Today* 中的羌绣报道截图

（图片来源于CGTN）

又如在2023年中国国际电视台CGTN春晚特别节目"超级夜看春晚"成都分会场，CGTN记者与外国嘉宾以及四川国际传播中心主播赵雨祺围炉座谈（如图5-5所示），演播室中加入火锅、竹编、剪纸、川剧等元素，在场嘉宾共同品尝四川火锅，畅聊天府文化，向世界推广四川美食。

| 第五章 |
天府民俗文化网络视频"一带一路"传播策略

图5-5 《超级夜看春晚》节目海报
（图片来源于SICC官方公众号）

第三节 天府民俗文化网络视频"一带一路"传播主体整合

当下，天府民俗文化网络视频传播主体多元，有各级党委政府、媒体机构、社会组织、市场主体、非遗传承人、自媒体人，等等。从传播现状看，总体呈现出"百花齐放"的积极态势，但我们也应当清醒认识到，还客观存在传播主体各自为政、传播作品质量良莠不齐的突出问题。有效实现天府民俗文化"一带一路"国际传播，不断提高传播影响力，需要各级党委政府充分发挥主导作用，各类传播主体明确定位、各司其职、相互协同，有效形成推动天府民俗文化"一带一路"传播合力。

一、党委政府：发挥传播主体作用和引导作用

美国学者克莱德·伍兹在对受众接受异质文化的程度及特质进行考察时，指出文化间相互吸收借鉴的速度，不仅取决于文化共性的大小，还受社会因

素、价值观、既得利益等非文化因素的影响。① 由此可见，文化的传播不仅是一个客观流动的过程，还需要人为的介入与推动。在天府民俗文化的传播过程中，政府应发挥宏观主导性作用，全省各级党委政府有时也可直接成为传播主体。

（一）以政策为引导，助力传播主体健康发展

从总体来看，当前天府民俗文化"一带一路"传播尚处于起步阶段，多元传播主体力量整合不足，省、市级层面缺乏专项规划，也没有出台操作性强的专项政策，传播面窄、量少、水平不高的问题较为突出。对此，党委政府应从多方面发力，将天府民俗文化传播纳入政府规划，推动天府民俗文化传播队伍建设，制定相应的扶持政策，激发各类传播主体的积极性。

（二）深度开发天府民俗文化资源，培育对外传播人才

为丰富天府民俗文化国际传播网络视频内容，党委政府应该组织更多天府民俗文化领域的专家学者对文化资源进行深度挖掘、整理，为满足"一带一路"传播需求开展针对性研究，更加精准地筛选出适宜国际传播的天府民俗文化题材与素材，为天府民俗文化网络视频的国际传播提供指导，有效增强天府民俗文化"一带一路"传播影响力。

同时，全省各级党委政府可以采用"政校企联合"的模式，开放式地实施天府民俗文化"一带一路"国际传播人才培养计划，为各类传播主体储备对外传播人才，搭建国际传播平台，提高各类传播主体的国际传播水平与积极性，从根本上扭转天府民俗文化国际传播的被动局面。

（三）组织力量创作天府民俗文化视频，以政府名义传播

全省各级党委政府是外事活动的组织者，是国际贸易的促进者，是文化、科技、教育等国际交流交往的引领者，更是对外招商引资的主角。在国际交流交往、招商引资活动中，需要以政府的名义向世界推介四川，讲好四川故事。宣传四川，可以从多个维度、多个视角进行。从天府民俗文化的视角去介绍四

---

① 参见刘利群，张毓强. 国际传播概论[M]. 北京：中国传媒大学出版社，2011：119.

| 第五章
天府民俗文化网络视频 "一带一路" 传播策略

川物产、文化、生活及人文精神，往往能给国际友人带来"最中国""最四川"之感。正因如此，全省各级政府投资拍摄外文版宣传片，往往会大量采用天府民俗文化元素。过去，这样的宣传片只在外事活动现场播放，传播面窄。现在和未来，政府投拍的宣传片不仅用于外事活动现场，还需在交往国公众网站、相关国际组织网站、相关国际博览会网站推送，借此扩大宣传影响力。以2019年成都广播电视台发布的公园城市宣传片《成都，公园城市让生活更美好》为例，片中对公园城市体系中的六大场景辅以英文字幕进行介绍，在乡村田园公园场景、城市街区公园场景两部分画面中分别加入了道明竹编及四川火锅等民俗元素（如图5-6所示），公园城市是在成都深厚的历史文化积淀上形成的，该片对这种交叉且承接的关系进行了呈现。该宣传片在首届公园城市论坛现场播出，并且在网上发布，获得了较好的传播效果。

图5-6　《成都，公园城市让生活更美好》中展示的道明竹编元素

（图片来源于B站）

而在宣传片中加入动漫元素，则为其对外传播提供了更多的可能。以成都大运会官方发布的动漫宣传片《哪吒蓉宝奇遇记》为例，片中将魔童"哪吒"与大运会吉祥物"蓉宝"两大IP形象相结合，"哪吒"是中国神话传说中的神仙，代表了光明、正义的英雄形象，而"蓉宝"的形象则代表了勤劳勇敢的巴蜀人民。两者的结合，展示了中华文化的独特魅力、城市的青春活力和对体育的激情。片中选取了多个成都地标性建筑，并且将川剧变脸与传统小吃"三大炮"融入剧情中，彰显了天府之城的文化魅力（如图5-7所示），在网络上引发热议，在此基础上成都大运会官方制作推出"蓉宝""哪吒"表情包，促进了该宣传片的二次传播。

图5-7　《哪吒蓉宝奇遇记》中对天府民俗三大炮进行展示

（图片来源于成都大运会官方公众号）

二、市场主体：向世界传播天府民俗文化，推广文化产品及文化服务

我们制作天府民俗文化国际版网络视频，面向"一带一路"沿线各国传播，是为了促进文化交流、友好往来，吸引"一带一路"沿线各国民众来川旅游，将天府民俗文化衍生产品及天府民俗文化服务贸易推广到这些国家。基于这样的考量，就更需要发挥各类市场主体的作用，使其成为"一带一路"传播天府民俗文化的生力军。

（一）加强网络视频 IP 创意营销，助力天府民俗文创产业走出国门

文化创意产业被誉为新时代背景下蓬勃发展的战略产业，成都作为一座文创之城，出台了众多政策扶持文创产业的发展。文化创意产业的发展推动着天府民俗文化的传承与创新。以网络视频营销推广天府民俗文化相关文创产品，成为天府民俗文化国际传播的又一重要途径。通过以视频为代表的影像材料，依托电商以及社交平台进行传播，消费者能更深入地了解文创产品及其文化内涵，以达到增加购买力、传播文化等目的。例如，成都博物馆与潮文悟联名推出的千年镇水石犀盲盒，以馆藏文物镇水石犀为原型，融入麻将、四川火锅及盖碗茶等天府民俗元素（如图5-8所示），并在众筹平台发布解说视频，通过

对石犀的背景知识以及民俗元素的介绍和展示,传达了盲盒的设计理念,获得了较好的传播效果。

图5-8 潮文悟发布的镇水石犀宣传视频画面

(图片来源于摩点众筹网)

(二)打造虚拟现实网络视频,提升天府民俗文化线上体验感

推动更多数字技术高科技企业进军天府民俗文化领域,将3D、VR、DR等现代数字技术运用于网络视频制作之中,增强"一带一路"观众对天府民俗文化的体验感。一是将现代数字技术运用于天府民俗文化博物馆、民俗古镇、民俗活动场景的网络视频制作,让海外观众产生身临其境之感;二是运用现代数字技术创作天府民俗工艺演示、产品展示等方面的网络视频,让海外观众在线上获得全方位、立体化的观赏效果,其体验感更真实与细腻;三是将现代数字技术运用于川菜、川茶等民俗休闲消费场景的网络视频制作,让海外观众在一定程度上获得体验感。全省各级党委政府应当出台相应扶持政策,大力支持企业将现代数字技术运用于天府民俗文化国际传播,这将对四川文商旅融合发展、拓展国际市场发挥不可估量的作用。

三、社会组织:发挥资源人才优势,面向"一带一路"共塑天府民俗文化品牌

社会组织是天府民俗文化人才的重要聚集平台,多数天府民俗文化人才都加入到诸如四川曲艺家协会等各类社会组织之中。这些社会组织不仅汇聚了大

量人才，还掌握了大量天府民俗文化资源。全省各级党委政府要充分利用社会组织力量，鼓励支持社会组织投身到天府民俗文化国际传播事业中，面向"一带一路"共同塑造天府民俗文化国际品牌。

（一）充分利用文化组织资源，搭建特色传播矩阵

天府民俗文化"一带一路"传播，应当整合各类文化组织力量，构建特色传播矩阵，发挥举足轻重的国际推广作用。我们以博物馆这一公益性文化组织为例，解析文化组织创作国际版网络视频传播天府民俗文化的路径问题。例如，成都博物馆的第四层展厅以"花重锦官城"为主题，分街巷、饮食、游赏、茶馆四个版块进行陈列，将天府地区的生活民俗、生产民俗、社会组织民俗、岁时节日民俗等进行全方位文博展示。同时，成都博物馆还在互联网上设立官方网站，并基本搭建起线上数字博物馆，除中文外，还提供了英语、法语等多种语言版本，方便外国友人浏览（如图5-9所示）。

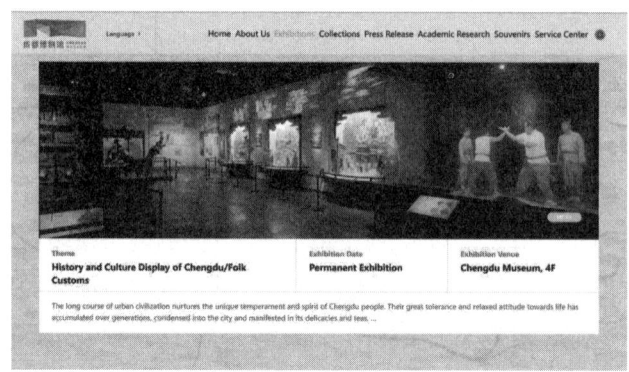

图5-9 成都博物馆英文官网对于民俗篇的展示

（图片来源于成都博物馆英文官网）

但成都博物馆仍需进一步提高自身国际传播影响力，可行路径就是利用自身优势，将包括天府民俗文化在内的历史文化馆藏分专题拍摄成网络视频，在"一带一路"国家社交媒体等平台上推送，构建以"两微一网"为代表的传播矩阵，在评论区与受众进行实时互动，推动内容的二次传播。通过以上立体传播方式，吸引海外受众访问成都博物馆网站，提高网站国际访问量，才能发挥其在天府文化国际传播中应有的担当。

第五章
天府民俗文化网络视频 "一带一路" 传播策略

（二）公益性社会培训机构发挥作用，线上推广天府民俗文化

随着成都国际化程度的不断提高，出现了一些向在蓉外籍人士传授天府民俗文化为主的公益性社会培训机构，教"老外"做川菜、学四川茶艺、学蜀绣等。省、市政府应当积极扶持这些培训机构，支持其拓展天府民俗文化传播范围，在保持线下教学的同时，向外籍人士开展线上天府民俗文化传授，并将"老外"的学习过程制作成国际版网络视频进行国际传播，使其成为天府民俗文化"一带一路"传播的重要主体。

在推动天府民俗文化"一带一路"传播过程中，应当充分借助孔子学院的文化传播主体和渠道作用。全省文化、教育部门应当进一步加强与"一带一路"各国孔子学院合作，将天府民俗文化纳入孔子学院教学内容。同时，可将各国青少年在孔子学院学习天府民俗文化的情况制作成网络视频，在"一带一路"沿线国家线上推送，让更多海外民众认识天府民俗文化，让更多海外青少年能够远程学习天府民俗文化。例如，2022年四川省文化和旅游厅与四川师范大学联合相关市州文化和旅游局，与韩国延世大学孔子学院、延世大学中国研究院、印度尼西亚三一一大学孔子学院共同策划推出《巴蜀文旅国际大讲堂》系列讲座。在第一期讲座中，主讲人向全世界孔子学院学子介绍"中国春节文化之乡"最正宗的年味，讲座从山川地貌、人文历史、民风民俗、特产名品四个维度展开，并且首次融入VR体验，带领中外观众感受阆中文化的独特魅力，体验丰富多彩的春节民俗文化。该系列讲座采用中、韩、英、印尼四语同传直播形式在YouTube上进行全程放送，方便各国学子通过互联网积极进行交流，推动了天府民俗文化的对外传播。

四、新闻媒体：全方位传播天府民俗文化

新闻媒体机构通过对天府民俗文化交流活动、天府民俗文化节庆活动、天府民俗相关博览的实时报道，以及对天府民俗文化传承人、艺术家等人物专访等新闻报道，较好地发挥了传播天府民俗文化的功能。目前，全省各级宣传部门应当进一步调动新闻媒体机构的力量，面向"一带一路"沿线各国，运用新媒体平台，采用网络视频的形式开展天府民俗文化国际新闻传播。

(一)对天府民俗文化活动做即时新闻报道

新闻价值是新闻传播主体对新闻事实进行衡量的重要依据,包括时效性、接近性、重要性、显著性、趣味性五要素。在特定节日对相关民俗文化活动进行及时记录,突出了新闻报道的时效性与重要性;而通过新闻视频对民俗活动的展现,在声画并茂中描绘出特定的文化情节,则突出了新闻报道的趣味性与接近性,具有较高的新闻价值。在新闻报道中选取天府民俗文化活动作为素材,将通讯稿与所拍摄的视频素材紧密结合,便于海外观众在较短时间内获取相关的资讯,对天府民俗文化活动有直观了解。

例如,2023年元宵节,四川卫视与达州、德阳以及宜宾等地方电视台进行合作,播报了新闻《传统民俗闹元宵》,对多地的元宵民俗诸如达州开江舞火龙、蓬溪蛴蟆灯活动进行实时拍摄(如图5-10所示),并且记录了参与民俗活动的市民的感受。在播送完毕后,该片段还被单独截取,以网络视频的形式在四川电视台相关的新媒体平台账号中进行推送。在传递节日氛围的同时,也推动了四川各地民俗活动的传播,扩大了天府民俗文化的影响力。

图5-10 《传统民俗闹元宵》报道画面

(图片来源于四川观察官方视频账号)

(二)对天府非遗传承人做人物专访报道

非物质文化遗产传承人是指直接参与到某项非遗技艺的传习活动,获得了较为突出的成就,且愿意将自己掌握的技艺传授给后人的人或者社会群体。俗

第五章
天府民俗文化网络视频 "一带一路" 传播策略

话说"内行看门道,外行看热闹",传承人作为延续非遗的基础与核心,在对技艺多年的深耕中形成了自己独到的见解,而这些内容是大众所不曾知晓的。因此,挖掘传承人创作经历,寻找不为大众所知的非遗技艺精髓,则成为重要的新闻来源。在平和、融洽的访谈氛围中,传承人将技艺传承过程以及相关的文化故事娓娓道来,在一定程度上能够弱化报道的说教感,提高节目的趣味性。2022年5月,新型主流媒体平台封面新闻与四川省档案馆联合推出网络视听栏目《匠心》,该栏目邀请多位四川非遗传承人,对他们进行专访,以口述历史的形式讲述技艺传承的故事。例如,在第二期《宋西平的"漆艺人生"》中,成都漆艺传承人宋西平从历史源流、制作流程、工艺细节、材料来源等方面对成都漆器进行介绍,还分享了其学艺过程中的趣事及其对于漆器制作"百人百样"的看法。该栏目构思巧妙,为了便于在网络环境中传播,每位传承人的专访被分割为3个视频,每个视频的时长控制在10分钟以内。该栏目一经推出,就在网络上引起较高的关注度,也激发了网民对于四川非遗技艺的兴趣。

(三)对天府民俗文化产品及生产者做专题报道

天府民俗文化产品涉及领域广泛、品种丰富、工艺精湛,在国内外应当有更加广阔的市场。拓展天府民俗文化产品"一带一路"市场,不仅需要全省相关企业加强天府民俗文化及其产品(品牌)的国际传播,还需要全省宣传部门调动新闻机构向"一带一路"沿线国家积极宣传天府民俗文化企业、文化产品,助力其更好地"走出去"。这是一项有价值的工作,新闻机构海外报道能给"一带一路"受众带去商业广告不可比拟的可信度。

例如,中央电视台第二频道推出的深度报道类节目《经济半小时》,该节目内容以关注重大经济事件、经济人物为主,对各地非遗产业的深度报道也是其重要选题。2022年9月推出了《小竹子孕育大财富》,对四川崇州道明镇非遗竹编产业的发展进行跟踪报道(如图5-11所示),节目中不仅呈现出多样化的竹编制品,还对道明竹编技艺传承人、道明镇民宿经营户以及道明镇镇长进行了采访,展现了道明镇竹编文化产业发展的全貌及其对四川竹产业发展做出的贡献。节目在央视第二频道播出后,借助央视网以及《经济半小时》官方公众号实现内容的扩散。

图 5-11　《小竹子孕育大财富》中对四川竹产业情况的介绍

（图片来源于央视网）

五、非遗传承人：借助新媒体网络视频呈现非遗技艺

当今大量自媒体活跃于网络，有不少自媒体积极从天府民俗文化中选取素材，其中部分与直播带货相勾连。这些自媒体传播存在一定程度的无序状态，网络视频质量良莠不齐。面向"一带一路"传播天府民俗文化，党委政府应当更好地发挥引导作用，有意培育以非遗传承人、天府民俗资深艺人等为骨干的自媒体队伍，采用更独特的网络视频方式，打造天府民俗文化"一带一路"网红。

（一）开设自媒体账号，讲述非遗传承故事

非遗传承人作为非遗文化延续的承担者，对于非遗文化有着自身独到的见解，而在传承过程中的经验以及感悟是其他传播主体所不具备的特质。随着新媒体技术广泛运用及自媒体行业的飞速发展，非遗传承人拥有了多元化的媒介展示与传播机会。虽然当今自媒体各类账号层出不穷，但在天府文化传播领域与非遗传承相关的账号较少。应当由政府文化部门牵头，组织开展非遗传承人线上传播业务培训，鼓励、帮助其在国内、国际社交平台上开设相应账号，借助智能手机以及直播设备，以短视频的形式记录日常的技艺传承，讲述亲身经历，推动天府民俗文化线上传播。例如，古蔺花灯传承人谢建刚在抖音短视频

第五章
天府民俗文化网络视频 "一带一路" 传播策略

平台上开设了账号,对日常花灯表演的场景进行记录,在国内产生了较好的传播效果。政府文化部门应帮助其在 TikTok 等国际新媒体平台开设账号,使其具备网络短视频外文版的转换能力,实现古蔺花灯的"一带一路"传播。

(二)讲好天府民俗文化故事,实现民俗产品国际营销

非遗传承人自制网络视频,利用新媒体平台传播天府民俗技艺,不仅具有社会价值,还能带来经济效益,这是当下蓬勃发展的新业态。经济效益来源大致有两种情形:一是借助新媒体平台传播民俗技艺的同时进行相关商品的售卖,例如道明竹编传承人杨隆梅,在抖音开设账号传播竹编技艺,同时开通抖音小店,进行竹编制品的售卖(如图 5-12 所示),以此来获取收益;二是通过网络短视频传播,提高个人社会声誉,间接获取经济利益。

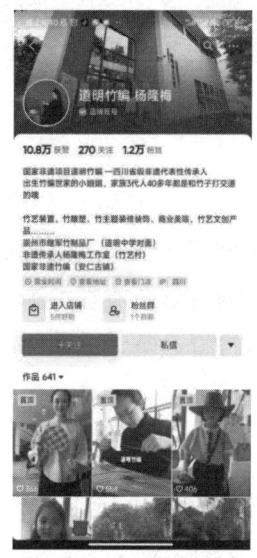

图 5-12 杨隆梅在抖音开设的账号页面

(图片来源于抖音)

又如,峨眉武术传承人凌云靠一则下楼扔垃圾展示武术招式的视频出圈,吸引大量粉丝关注,成为"网红"。2021 年她受到手机游戏王者荣耀团队的邀请,成为游戏人物云缨的原型(如图 5-13 所示),该游戏角色被命名为"峨眉文化推广大使"。

图 5-13　峨眉武术代表传承人凌云与王者荣耀合作

（图片来源于抖音）

通过对天府民俗文化网络视频国际传播相关数据分析，我们可以明显认识到当前面临的突出问题是全川非遗传承人运用自媒体营销的太少，运用自媒体进行国际营销的更少，需要全省各级政府真正予以重视，在积极培训、鼓励支持的基础上，还需出台一系列配套政策，帮助四川非遗传承人将四川民俗工艺传播到"一带一路"沿线各国，将民俗产品销售到"一带一路"沿线各国。

第四节　天府民俗文化网络视频"一带一路"传播载体选择

融媒体时代，媒介资源高度丰富，为天府民俗文化的对外传播提供了更加多样化的手段和场景。各种新媒体是受众分享观点、交流感想的重要平台，成为连接天府民俗文化与国外受众的纽带。现今在国际上享有一定知名度的网络传播载体种类丰富，结合各平台不同的传播特性，投放天府民俗文化网络视频，需要遵循新媒体传播规律进行理性决策。

第五章

天府民俗文化网络视频 "一带一路" 传播策略

一、选择世界知名资讯类网站作为传播载体

各类综合资讯类网站为受众获取信息带来了便利，能够满足用户快速获取信息的诉求，在国外以 YouTube 为代表；垂直领域的网站，则为用户深耕某领域的信息带来了可能，如以维基百科为代表的知识共享网站，能帮助用户深度获取知识。传播主体应根据面向海外传播的天府民俗文化内容，结合不同资讯类网站特性，进行理性选择。

（一）视频资讯网站：YouTube

2005 年成立的 YouTube，作为全球最大的视频短片分享平台，是外国人了解中国、接触中华文化最常用的视频网站。根据 Alexa 网站流量排名数据可知，YouTube 平台是全球访问量第二大的网站、全球最有影响力的传播平台之一，同时也是全球最重要的教育工具和个人学习工具，100 多个国家数十亿人每天使用该平台。[①]

YouTube 网站中播放量较高的天府民俗文化视频大部分出自"出海网红"，例如李子柒、凌云等，还有一部分则是网民华裔群体自创以及国内官方媒体发布的相关视频。该网站自带的语音识别字幕和多语言翻译功能给天府民俗文化网络视频的传播提供了极大便利，也吸引了不少外国人以天府民俗文化为选题，创作相关视频。以前文所提及的皮蛋科普视频为例，视频的发布者以及视频中的参与者均为外国人，其中还插入了让外国人评价皮蛋的环节，通过及时反应、评价与文化科普相结合的形式，弱化了以往传播内容的生硬感，也增强了天府民俗文化的传播效果以及跨文化互动活力。因此将 YouTube 作为"一带一路"对外传播的载体，具有一定现实意义。

（二）知识共享平台：维基百科

维基百科（Wikipedia）成立于 2001 年，是互联网百科全书领域具有代

[①] 参见陈慧，李政泽，傅晓明. YouTube 中文学习资源大数据分析[J]. 首都师范大学学报（社会科学版），2022（6）.

性的在线写作与知识共享平台，已成为各国各行业用户检索信息、学习新知识的重要传播渠道。① 截至2023年2月，维基百科条目共有329种语言版本，收录超过2.4亿篇条目，用户超过1亿人，其中活跃用户超过31万人。

维基百科遵循客观、开放、协作的发展理念，允许用户针对条目进行增删及探讨，因此它不仅是百科辞典式的知识平台，也是非常重要的对外传播平台。但目前维基百科中的一些与天府民俗文化相关的条目内容有误，亟须修订。政府应当组织、引导天府民俗文化相关社会组织、专业人士对相关的条目进行修改扩充，并配发天府民俗文化知识传授网络视频，向世界传播生动的天府民俗文化故事。

二、选择全球点击率名列前茅的搜索引擎作为传播载体

问题导向下，搜索引擎作为用户最直接获取资讯的渠道，具有重要的信息传播价值。面向"一带一路"实施天府民俗文化国际传播，应当积极利用国际知名搜索引擎，为"一带一路"沿线各国网民检索查询天府民俗文化相关资讯提供便利。要尽力做到文字资讯与视频同步推送，让资讯更加直观、生动。

（一）综合性全文检索平台：谷歌

成立于1998年的谷歌（Google），以互联网搜索、云计算、广告技术为主要业务，是世界公认的全球最大的搜索引擎公司，在国际上具有较强影响力。该搜索引擎将互联网中的信息进行聚合，并且根据用户检索的关键词呈现出对应的信息，实现信息需求者与信息发布者的匹配。信息发布者需要对发布内容的标题进行合理编辑，让用户有效获取，并吸引潜在的用户。谷歌作为天府民俗文化国际传播载体，有着独特的传播优势。为取得较好的传播效果，天府民俗文化视频的发布者在进行内容发布时，应尽可能地使标题译名贴合外国人的表达习惯，使视频出现在搜索引擎的前列，以便于用户获取，达到有效传播。

---

① 参见甘苾豪，翁彬婷. 中国对外传播在维基百科平台中的机遇与挑战［J］. 社会科学，2019（6）.

(二)垂直全文检索平台:百度搜索

百度搜索是我国影响力最大的搜索引擎,创立于 2000 年,经过多年的发展,至今已经形成包括百度网页、百度图片、百度百科、百度视频在内的专业垂直全文检索平台。作为中国最大的搜索引擎,百度在全球享有一定的知名度,其丰富的版块设置能为天府民俗文化国际传播带来便利。百度搜索引擎所拥有的"百度指数"工具,能够帮助内容发布者对当前天府民俗文化各关键词的关注度进行分析,及时调整传播内容的表述形式。且"百度"关键词的检索结果呈现合理,以图文及视频的形式进行讲解说明,便于受众理解。例如,以关键词"成都漆艺"进行检索,最先跳出的为"成都漆艺"的百度百科,还附有解说视频,可以让用户在较短的时间内对成都漆艺有一个基本了解。为实现天府民俗文化走出国门,应将上传"百度"的网络视频多语种化,便于在华外籍人士、海外受众深入了解,进而为二次传播奠定基础。

三、选择世界通用的社交媒体作为传播载体

在跨文化传播活动中,社交媒体成为内容传播的重要渠道,其价值不容小觑。去中心化、开放、平等是社交媒体的重要特质。对于跨文化传播而言,社交媒体中传播主体的多元化,为不同国家间大众的直接文化交流提供了可能。推动天府民俗文化"一带一路"传播,要调动各类传播主体的积极性,充分利用"一带一路"各国民众广泛使用的社交媒体,推送更多高质量的网络视频,并实现与海外受众的线上深度互动,有效提高天府民俗文化国际传播影响力。

(一)综合类社交媒体:Facebook

Facebook 成立于 2004 年,是全球影响力较大的互联网社交平台。目前,一些中国官方媒体已在 Facebook 开设账号,宣传中华优秀传统文化。其内容发布形式主要分为纯文字、文字+图片、文字+超链接、视频、直播五种,还具备在文字中加入话题以及互动投票等功能,以此增强互动性、提高用户点击率。就现有的天府民俗文化相关账号推送统计情况来看,图文形式是主要呈现形式,网络视频推送不足。而单一的图文,对受众的吸引力不够,容易产生厌

倦情绪，会令天府民俗文化国际传播效果打折扣，应当加大网络视频投放量。例如，通过对 Facebook 天府民俗文化的词云检索，可以发现外国用户对川菜文化的关注度较高（如图 5－14 所示），因此相关账号的推送中，关于川菜文化不应该只推送文字和图片资讯，应当加大力度，推送以天府美食文化为主题的各类型网络视频，甚至可以让川菜名厨借助 Facebook 平台搞川菜厨艺直播，以此提升天府美食文化国际传播效力。

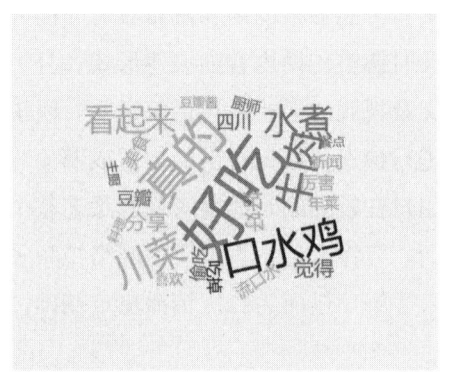

图 5－14　Facebook 天府民俗文化词云

（二）短视频社交软件：TikTok

TikTok 是字节跳动旗下的一款短视频社交软件，作为抖音的海外版本于 2017 年正式上线，采取本土化策略，针对不同国家用户的关注热点以及偏好进行运营，在海外具有相当影响力。作为中国短视频平台"出海"的代表性产品，TikTok 肩负着传播中华文化、塑造中国国家形象的重要责任。其主打的竖屏式短视频社交、便携的滑动式操作，更容易让受众沉浸其中。根据 TikTok 用户评论的词云显示结果，发现该平台用户关注的天府民俗文化集中在物质民俗方面（如图 5－15 所示），天府民俗"网红"李子柒、凌云等在 TikTok 已获得一定的知名度。我们应当乘势而上，政府有关部门、相关社会组织、相关知名企业形成合力，培养、推动优秀自媒体人借助 TikTok 平台推送高质量天府民俗文化网络视频，通过该平台培育更多天府民俗文化国际"网红"。

第五章
天府民俗文化网络视频 "一带一路" 传播策略

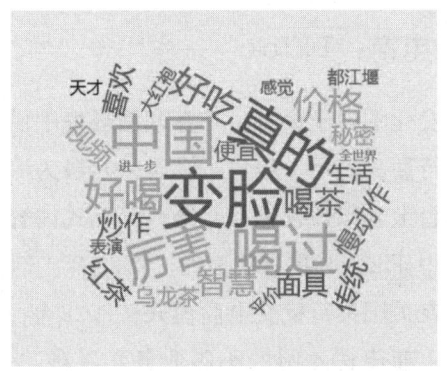

图 5-15　TikTok 天府民俗文化词云

四、选择全球知名电商平台作为传播载体

电商平台是借助互联网为买卖双方提供交易各环节服务的网络互动平台，其买卖主体既可以是企业，也可以是自然人。电商平台与实体经济的有机结合，打破了传统商品交易格局。跨境电商模式，为国际贸易带来了革命性变化。我们推动天府民俗文化网络视频"一带一路"传播，其重要目的是促进四川文商旅融合发展。天府民俗产品需要借助跨境电商平台更广泛地开拓"一带一路"市场。国际市场的开拓，不能仅靠在跨境电商平台上简单叫卖，而要将天府民俗文化传播与民俗产品营销有机结合。天府民俗文化国际版网络视频能为民俗产品营销发挥关键性介质作用。

（一）传统电商平台：亚马逊

1994 年成立的亚马逊（Amazon）是互联网中最早开始经营电子商务的公司之一，在全球拥有巨大的影响力。为了推动"一带一路"沿线国家贸易的发展，我国政府也针对跨境电商出台不少扶持政策。为更好实现天府民俗文化"一带一路"传播、天府民俗产品"一带一路"营销双重目标，政府应加强引导，推动天府民俗产品经营企业及个人切实增强文化传播、品牌传播意识，更多利用亚马逊这样的跨境电商平台，塑造民俗产品品牌、拓展国际市场。

（二）内容社交电商：TikTok

社交电商是指社交化的电子商务，在互联网环境中借助社交平台或者购物软件中的社交模块进行商品展示、销售。在国外，最为流行的是内容类社交电商，指在社交媒体平台上，以短视频、直播等交互式内容推动消费者购买商品的电子商务模式，其中 TikTok 具有代表性。2020 年 12 月，TikTok 以与沃尔玛合作为起点，开始在美国推行社交电商模式；2022 年 4 月，TikTok 开通泰国、越南、马来西亚、菲律宾 4 国的小店业务，深耕"一带一路"沿线国家市场。

在社交电商的实际运用中，直播售卖与短视频这两个环节发挥着各自的传播作用。直播通过实时商品售卖的形式，消费者能够与主播进行实时互动，提高购买欲望。而短视频能帮助主播打造形象、讲述文化故事和品牌故事，以此吸引顾客复购。这两个环节都能为天府民俗文化传播、天府民俗文化产品营销提供舞台。就直播而言，用户在直播间下单的同时可以了解商品的产地、背后的民俗文化故事。而在短视频方面，可以在画面拍摄、脚本创作中融入天府民俗文化元素，使消费者通过观看网络视频领略天府民俗文化的魅力。借助社交电商平台面向"一带一路"传播天府民俗文化，培养高水平的跨境电商主播队伍十分重要，作为天府民俗文化"出海"的形象大使，主播人员需具备良好的口语表达能力及天府民俗文化素养，在这方面需要全省各级政府加大推动和培养力度。

第六章 "一带一路"视域下天府民俗文化网络视频创作策略

制作天府民俗文化网络视频,与制作天府民俗文化纪录片类电影、电视节目和故事片类电影、电视剧,在创作策略上有相同之处,但又各有不同。制作"一带一路"天府民俗文化国际版网络视频,与制作国内传播的天府民俗文化网络视频,在创作策略上有共同之处,但也具有一定差异。我们着重从"一带一路"天府民俗文化国际版网络视频创作的特殊角度探讨其创作策略问题。

第一节 素材选取

一、选取"一带一路"沿线国家大众易于接受的典型天府民俗文化

"一带一路"沿线各国民族众多,社会形态不同、宗教信仰不同、文化多样、生活习俗多样,几乎涵盖了世界主要的社会形态和文化形态,仅中亚地区就长期受到突厥文化、佛教文化、波斯文化、伊斯兰文化、斯拉夫文化以及西方文化的影响,伊斯兰教、佛教、东正教、天主教、新教、犹太教等宗教并存。"不同民族、不同文化和文明在思想、哲学、宗教、价值观念等方面都存在着巨大的差异,这些差异在国际交往中极易产生激发效应,引发民众间的隔

阂与矛盾以及国家间的冲突与对抗。"① 因此，创作"一带一路"天府民俗文化国际版网络视频时，我们要保持小心谨慎的态度，深入细致地对传播目标国的宗教信仰、风俗习惯、文化禁忌等方面进行综合考量，力求有效消除文化隔阂，防止误读、误解与冲突。

（一）不能选择与传播目标国宗教信仰相冲突的天府民俗文化元素

民俗文化是历史积淀的产物，不仅与一个国家、地区、民族的生产生活方式、地理环境息息相关，还与这个国家、地区、民族的宗教信仰有着不同程度的联系。我们选取天府民俗文化题材创作国际版网络视频，一定要考量民俗文化蕴含的宗教因素与传播目标国大众宗教信仰是否存在冲突。

例如，民以食为天，美食文化往往是一个国家、民族最具特色的民俗文化，在创作和传播民俗文化网络视频时，美食文化常被作为首选题材。但我们应当认识到，美食与厨艺不仅与当地物产、自然环境、生活习性相关，还与人们的宗教信仰等意识形态关联。尽管川菜名扬天下，但天府美食文化并非适宜向"一带一路"沿线的所有国家传播。以伊斯兰教为主要宗教信仰的国家，其教义对信众乃至民众有着严格的约束，在饮食方面禁忌猪肉和饮酒，因此川菜文化、川酒文化中不少内容不能向伊斯兰教国家传播。

又如，丧葬习俗、婚礼习俗等民俗文化往往与一个国家、民族的宗教信仰相关。四川有若干佛教、道教圣地，道教与佛教在四川实现了一定程度的融合。天府民俗文化中的丧葬习俗、婚礼习俗等在其形成过程中，深受儒、释、道的影响，形成其明显的民俗特质。我们若选取天府婚礼习俗、丧葬习俗等作为天府民俗文化国际版网络视频的题材，就必须充分考虑这些习俗与传播目标国民众宗教信仰是否存在冲突。也许在东南亚国家传播不存在问题，但在阿拉伯国家、欧洲国家传播就存在问题，切勿掉以轻心。

---

① 杨荣国，张新平."一带一路"人文交流：战略内涵、现实挑战与实践路径［J］．甘肃社会科学，2018（6）：76．

第六章 "一带一路"视域下天府民俗文化网络视频创作策略

（二）不能选择与传播目标国风俗习惯相冲突的天府民俗文化元素

风俗习惯，是一个民族在一定的自然环境和社会环境中相沿积久而形成的生活方式。四川是一个以汉族为主、多民族聚居的省份，各民族的风俗习惯各不相同，但差异并不就意味着冲突，绝大多数情况是处于和谐共生的状态，因而多彩纷呈的风俗习惯成为天府民俗文化的重要组成部分。

"一带一路"沿线国家众多，各国、各民族风俗习惯不同，与四川各民族风俗习惯差异很大。风俗习惯的差异，多数情况下并不妨碍我们向"一带一路"沿线各国传播天府民俗文化，反而成为激发他国受众观赏网络视频的"点"。但是，凡事有度，若选取的天府民俗文化题材所表现的风俗习惯与传播目标国的风俗习惯有明显冲突，就会适得其反。以泰国为例，泰国人认为人的右手清洁而左手污秽，因而左手只能用来拿一些不干净的东西，在正式场合是坚决杜绝使用左手的。那么天府民俗文化针对泰国民众的传播就要避免与此风俗习惯相冲突，在细节上有意识地用右手来处理相关事项，比如川茶礼仪的解说、四川的餐饮文化、坝坝宴招待贵客等，都要注意使用右手，以免引起泰国民众的反感。

（三）不能选择触犯传播目标国文化禁忌的天府民俗文化元素

文化禁忌，是一个民族在传统文化中禁忌的一些事物、行为或语言，不同国家、不同地区、不同民族都有各自的文化禁忌。例如，欧洲一些国家有在接受服务时付小费的习惯，但付小费在日本却是文化禁忌。

我们在创作天府民俗文化国际版网络视频时，要充分了解传播目标国民众所遵循的文化禁忌，在题材选择上主动规避触犯目标国受众文化禁忌的内容。以颜色文化禁忌为例，马来西亚、新加坡、巴基斯坦、以色列、叙利亚等众多国家忌黄色，而泰国忌褐色。基于色彩中的文化冲突，天府民俗文化的传播要规避不恰当的色彩元素，比如在蜀绣、羌绣、蜀锦等需要大量涉及色彩的民俗文化中，视频创作的前期策划要特别重视目标国的色彩禁忌。

二、从天府民俗文化非遗传承人中选取典型人物

天府民俗文化是世世代代勤劳善良的四川人民创造的,也是靠一代代优秀四川儿女不断传承发扬下来的。向"一带一路"沿线各国传播天府民俗文化,讲的不仅是文化,更是在讲人的故事,四川人的故事。创作天府民俗文化网络视频,需要选取人物,人物的典型性是视频传播力的关键因素之一。在创作天府民俗文化国际版网络视频过程中,从非遗传承人中选取典型人物是一条可行的有效路径。

(一)从非遗传承人不同寻常的人生经历维度选取典型人物

当今,大量天府民俗文化精华被列入不同层级的非物质文化遗产予以保护。但在过去的历史岁月,非遗的传承饱含着一代代传承人的艰辛,不少非遗传承人为了文化的传承与生计,经历了不少的人生磨难。

在创作天府民俗文化国际版网络视频时,选择有不同寻常的奋斗经历的非遗传承人作为典型人物,将天府民俗文化题材与人物匠心、人物人生经历高度融合,能够极大增强视频作品的感染力,让海外观众透过天府民俗文化感受四川人民对文化传承的矢志不渝的精神。例如,蜀绣大师孟德芝出生于刺绣世家,从小在外婆、母亲的耳濡目染下,对刺绣技艺产生了浓厚的兴趣,并展现出非凡的天赋。然而,她的人生并非一帆风顺,从高考落榜、下岗失业到白手起家,经历了无数艰辛,历经三十年的奋斗才成为蜀绣大师。她的创业史及其在蜀绣工艺方面继承与创新所取得的成就,共同构成了人物的典型性,如果我们创作以蜀绣为题材的国际版网络视频,只反映孟德芝的蜀绣工艺,获得的文化认同往往是浅层的,若将她艰难曲折的人生故事融入其中,就能赢得海外观众更深层次的文化认同和情感认同。

(二)从非遗传承人家族世代传承维度选取典型人物

天府民俗文化中的非遗传承,不少具有家族代际传承的特点。新中国成立以前,四川处于农业社会状态,市场经济十分落后,更谈不上知识产权保护,民俗工艺人、民间艺人为维持生计,往往定下家规家训,禁止向家族外的人传

第六章
"一带一路"视域下天府民俗文化网络视频创作策略

授技艺,非物质文化遗产通过"父传子"的方式代代相传。新中国成立以后,随着社会的发展进步,家族"父传子"已被开放的"师带徒"替代,但仍有不少非遗传承人有明显的家学渊源。

天府民俗文化的发展史,是一个个民俗工艺家族、民间艺人家族在漫长岁月中为非遗的传承所付出的世代艰辛历程。这若干代人在不同社会背景下都是极具代表性的典型人物。我们创作天府民俗文化国际版网络视频,就应将这些典型人物选取出来,用历史这根时间轴将他们串联起来,把天府民俗文化的历史故事生动地讲给"一带一路"的人民听。例如,绵竹年画是极具特色的天府民俗文化,具有很高的艺术价值,相关作品在海外已有一定知名度。绵竹年画分为"南派"和"北派",由陈氏和李氏两个家族世代传承,并不断探索创新、发扬光大,而今"南派"陈兴才、"北派"李芳福已成为绵竹年画的两位国家级传承人,是绵竹年画第九代传承人。九代人的坚守与传承,有着许多感人的故事,都是我们创作国际版网络视频的绝佳素材。

(三)从非遗传承人的匠心故事维度选取典型人物

所谓"匠心",即能工巧匠的心思,是对工作的执着和精益求精的态度,是在继承的基础上不断改进与创新。纵观四川历史,属于天府民俗文化的民间工艺、民间艺术很多,但其中的一些已淹没在历史的长河之中。究其缘由是这部分民间手艺人、民间艺人"匠心"不足,没能跟上社会发展的步伐,墨守成规。

今天我们要展示给世界的天府民俗文化,必须是具有时代价值的。这样的非物质文化遗产,其背后都得益于世代传承人所秉持的"工匠精神",得益于他们的"独具匠心"。这种不懈追求事业的精神是世界人民共同的价值追求。创作天府民俗文化国际版网络视频,就要挖掘具有"工匠精神"的典型人物,向"一带一路"沿线各国人民展现他们孜孜不倦、精益求精的精神风貌,在更深层面讲好四川故事。例如,"川茶人"杨朝林,2022年荣获"国茶人物·制茶大师"称号,是第九代手工制茶非遗技艺传承人,深耕茶行业27年,秉持持之以恒的信念,一方面坚持手工制茶,另一方面坚持与时俱进,大力推进川茶创新与传播,几十年如一日,真正做到了坚守初心,被业界公认"德艺双馨"。这样的匠心故事就具有较高的国际传播价值,值得我们去深耕创作。

(四)从非遗传承人回报社会公益助人维度选取典型人物

非物质文化遗产的保护与传承,社会价值是第一位的,经济价值其次。要将非遗不断传承、发扬光大,需要无数具有强烈社会责任感的传承人。非遗传承人回报社会、公益助人的事迹是动人的,创作天府民俗文化国际版网络视频,应当塑造这样的典型人物,向"一带一路"沿线各国民众传播中国、四川悠久的"积德行善"的人文精神,以及四川人民善良、乐于助人的优良品德。例如,国家一级演员、在川剧界有着极高声誉的"变脸大师"彭登怀就是这样的代表,他积极发挥自己的社会影响力投身慈善事业,长期履行多项社会公益职责,被评为四川省十佳慈善之星,获得了中华慈善事业突出贡献个人奖。将他的艺术造诣与公益故事一并向"一带一路"沿线国家的民众传播,定能收到良好的传播效果。

三、从天府民俗文化历史中选取典型事件

天府民俗文化历史悠久、源远流长。当我们查阅历史文献时,就会发现部分天府民俗文化的产生与某一历史事件或某一历史人物相关,其中也包含着一些历史传说。这些历史事件、历史人物、传说故事已成为天府民俗文化不可分割的部分,它们是今天创作天府民俗文化国际版网络视频极具价值的素材,需要我们精心利用。

(一)选取天府民俗文化历史中的动人爱情故事

爱情是影视创作中永恒不衰的题材,在网络视频创作中仍然十分有效。天府民俗文化的历史传说中不乏动人的爱情故事,一些民俗活动都与男女恋爱、婚庆有关。我们在创作天府民俗文化国际版网络视频时,应当利用好历史上著名的爱情故事,将四川人的浪漫传递到远方。

在这里有一个绝佳的例证。四川酒文化是天府民俗文化的一部分,在川酒文化的历史中,有一段世代传唱的爱情故事——"一曲凤求凰,千载文君酒",西汉才女卓文君,为追求真爱而与司马相如私奔,为谋生计而当垆卖酒,两位有情人过着白天卖酒、晚上作赋的雅致生活。他们的爱情故事不仅缔造了四川

第六章
"一带一路"视域下天府民俗文化网络视频创作策略

名酒——文君酒,更给川酒文化增添了文人气息和爱情色彩。选取这样的题材创作川酒民俗文化国际版网络视频,定能让"一带一路"沿线国家的受众感悟到酒的浪漫不只属于法国、不只属于欧洲,中国的酒、四川的酒有着独特的东方浪漫,同样具有迷人的色彩。

(二)选取天府民俗文化历史中的民族英雄故事

为了捍卫国家利益、民族利益,四川这片热土在不同历史时期都涌现出令人民永远缅怀的民族英雄。一些缅怀民族英雄的活动代代相传,进而转化成民俗文化活动,每年在固定的日期举办,经久不息。例如,每年农历六月二十四日左右举办的凉山火把节,是为了纪念彝族民族英雄俄体拉巴,尽管这位英雄的故事有不少传说的成分,但彝族人民世世代代都缅怀他、崇敬他。

目前,网络上的凉山火把节视频较多,但基本停留在活动现场场景展示层面,仅仅在视觉上带给观众热闹壮观的印象。我们要使用该题材创作高水平的天府民俗文化国际版网络视频,就应将这些民俗节庆活动背后的民族英雄故事挖掘出来,与节庆活动场景融合展示,激发"一带一路"沿线各国观众的英雄主义情绪,进而增强他们他们对天府民俗文化的认同。

(三)选取天府民俗文化历史中的文化名人故事

四川人杰地灵,在不同历史时期均出现了一些名垂青史的大家。流传于世的文学艺术作品,津津乐道的文人故事,逐渐演变成了天府民俗文化的有机组成部分。例如,农历正月初七是"人日",但成都"人日"的民俗却独具特色,人们在这一天游杜甫草堂、祭拜唐代诗人杜甫。这一民俗活动因杜甫与高适的"人日"唱和而来,在"人日"这一天,成都民众不仅登高望远,还要纪念为天府之国留下若干名篇的伟大诗人杜工部。

像杜甫这样的历史文化名人,其作品是中国的,也是世界的。我们向世界推荐他们的作品,也应当将他们的故事讲给世界听。所以创作天府民俗文化国际版网络视频,应运用这样的选题,将民俗活动与历史文化名人故事、著名作品糅合起来,通过高超的艺术手法展现给"一带一路"沿线各国的人们,让海外受众感受天府民俗博大精深的文化内涵。

（四）选取天府民俗文化历史中的孝悌美德故事

《论语·学而》："孝悌也者，其为仁之本欤。"释义为：孝顺父母，尊敬兄长，是仁爱的根本。孝悌为人伦常情，是最基本的社会道德准则，虽然世界各国各民族都拥有自己的标准，但孝敬父母、爱护兄弟姐妹却是人类从古至今的共识。我们应将天府民俗文化中的孝悌美德故事作为创作素材，将这样的网络视频用于国际传播，容易获得他国观众的文化认同与情感认同。

例如，川剧艺术的国际传播，就可以选用川剧经典剧目《报恩记》，它来源于宋代冯楫的孝母故事。为让眼瞎的母亲重获光明，冯楫每日焚香祷告，后在名医医治下终得如愿。待冯母与冯楫先后离世后，百姓为感恩冯楫的勤政为民，遂为冯母修建了报恩塔，以报答其养育之恩。时至今日，报恩塔仍屹立在泸州市内，是一座孝悌美德的精神丰碑。我们可以将此剧目转化成国际版网络视频，配以外文解说，通过孝母故事唤起海外观众的情感认同，进而获得他们对川剧的文化认同。

四、从天府民俗文化发源地、盛行地中选取典型环境

天府民俗文化是一个庞大的集合，并非每一项民俗都在四川全域流行，许多民俗在省内就具有明显的地方性，特别是少数民族的民俗文化。我们创作天府民俗文化国际版网络视频，要选取反映民俗文化的典型环境；在环境选取时一般应首选天府民俗文化的发源地、盛行地。

（一）选取天府民俗活动典型场景

民俗活动是天府民俗文化的重要载体。创作天府民俗文化网络视频，拍摄民俗活动是通常的创作手法。但在创作过程中，选取好民俗活动的典型场景至关重要。只有将最典型、最震撼的场景展现给海外观众，才能提高网络视频国际传播的影响力。

例如，春节赏灯，在四川许多地方都有此民俗，全省春节赏灯的场景很多，但我们在以此题材创作国际版网络视频时，自贡灯会应为典型场景的首选。自贡灯会早在唐宋年间就已盛行，因其历史悠久、规模巨大、技艺精湛，

第六章 "一带一路"视域下天府民俗文化网络视频创作策略

成为国家级非物质文化遗产。

又如,火把节是彝族同胞共同的节日,四川、贵州、云南的彝族聚居地都要在农历六月二十四日左右举办该节庆活动,但若创作火把节国际版网络视频,西昌火把节理应成为典型场景的首选,因为四川凉山彝族自治州是最大的彝族聚居地,西昌市又是凉山州首府,因而西昌火把节规模最大、知名度最高。

(二)选取天府民俗工艺典型场景

天府民俗,除文化活动外,更多就是民俗工艺。精湛的民俗工艺靠一代代传承人的匠心与坚守传承下来。创作以民俗工艺为题材的天府民俗文化国际版网络视频,绝不能像商业广告片那样,简单直接地将镜头对准工艺品本身,而要更多地去展现工艺大师们精心创作的过程。要想达到良好的传播效果,既要选取好典型人物,又要选取好典型环境。典型人物与典型环境的相互烘托,是视频提高传播影响力的基础。

例如,在四川民俗工艺中,雅安荥经黑砂陶占有一席之地。荥经黑砂陶有2000多年的悠久历史,工艺独特,艺术风格独树一帜,具有较强的国际传播价值。我们制作网络视频,就要深入荥经黑砂陶窑场,拍摄朱庆平等非遗传承人与窑工在窑场制陶的艰辛与精彩的过程,全方位展现独特的"馒头窑"土法烧制黑陶的民俗工艺典型场景,让白善泥梦幻般涅槃成为黑砂陶的场景与过程给海外观众带来震撼,方能激发"一带一路"沿线国家的人们购买荥经黑砂陶器、到四川荥经探访窑场的欲望(如图 6-1 所示)。

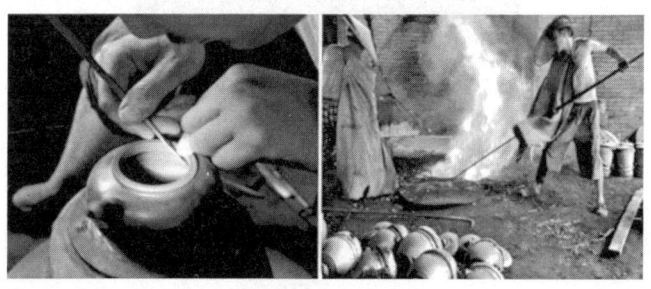

图 6-1 雅安荥经黑砂陶制作过程

(图片来源于微信公众号"文明杂志"文章《中国最美黑砂:荥经砂器》)

(三) 选取天府民俗故事典型场景

创作天府民俗文化国际版网络视频，要表现动人的天府民俗故事。用镜头讲好故事，就需要选取表现故事的典型场景。创作网络视频，尽管也可以运用数字技术制作虚拟场景，但从现实条件、经济成本等诸多因素考量，实景拍摄仍然是目前常用的方法，它带给观众的感受也更真实，更何况纪录片类民俗网络视频占比最高，实景拍摄的需求更加凸显。

选取好天府民俗故事，并匹配相应的典型场景，以此展示相应的天府民俗文化，需要创作者深挖天府民俗文化历史。例如，川酒文化，与之相关的有不少文人墨客的故事，这些故事往往发生在一个典型的场景，如宜宾"流杯池"，流传着北宋著名诗人黄庭坚邀约友人围坐池旁饮酒吟诗的故事。我们选取这样的典型场景，讲述这样的故事，就能通过网络视频向海外观众生动有趣地展现历史悠久的川酒文化的魅力（如图 6-2 所示）。

图 6-2 宜宾流杯池公园"流觞曲水"
（图片来源于宜宾流杯池公园官网）

第二节 脚本创作

脚本是我们创作拍摄网络视频的大纲，它决定着视频作品的艺术形式、内

第六章
"一带一路"视域下天府民俗文化网络视频创作策略

容构思及发展方向。目前，许多网络视频，特别是直播短视频的创作者缺乏专业素养，不具备前期进行脚本创作的理念和能力，以致视频质量良莠不齐，"垃圾视频"大量存在。我们推动天府民俗文化国际版网络视频创作与传播，就需要研究脚本创作问题，以保证"一带一路"传播的天府民俗文化网络视频的质量。

一、纪录片类视频脚本创作

纪录片类网络视频是科学与艺术的结合体，是既真又美的视频作品。在纪录片类视频的脚本创作中，既要遵循纪录片的本质规律，传递真实的天府民俗文化之美，也要兼顾网络视频平台与受众国文化的特性，确定好内容大纲，力求将所选取的天府民俗题材讲得生动、易懂、有趣。

（一）明确主题

纪录片类天府民俗文化网络视频，在脚本创作上需要明确创作选题，即明确所表现的天府民俗文化具体事项，诸如，无论是展示天府美食文化，还是展示蜀绣文化，不能是笼统的，必须是具体的。片名可以艺术化，但仍然要能让观众即刻明白视频将展示的是什么。就如纪录片《舌尖上的中国》，尽管片名很艺术，但观众一看就明白这是一部关于中国美食文化的纪录片。这一点与故事片类网络视频不同，故事片的片名可不与选择的天府民俗文化题材直接挂钩，纪录片则需要直接勾连。

（二）确定典型人物

在脚本创作上，需要选定与所选天府民俗文化题材紧密相关的典型人物。典型人物无论是历史人物，还是现实人物，都必须是真实的而非虚构的。如果纪录片类网络视频以天府民俗工艺、民间艺术为主题，往往选取一个或多个典型人物；如果以天府民俗活动为主题，往往选取典型人物群体。如果以第三方观察者、讲述者视角展示天府民俗文化，在脚本创作中，需注重观察者、讲述者选择的典型性，这样的典型人物有时也可以是外籍人士。

(三) 构建叙事内容与结构

纪录片类网络视频，与科教片不同之处在于需要有一定的故事情节，但又与故事片不同，其叙事是真实的，不需要去设计戏剧性冲突。在天府民俗文化纪录片类网络视频脚本创作中，叙事不能偏离所确定的天府民俗文化题材，但可以有一定的情感铺垫。在结构安排上，可采用顺叙的方式，也可用倒叙的方式。叙事细节的把握，要根据长、中、短视频的时长来取舍。但无论视频长短，都要保证叙事结构的完整。

在脚本创作中，可以设计典型人物对白，加旁白或观察者讲述，这方面也与科教片、故事片不同，科教片基本不用人物对白形式，故事片很少使用旁白。我们所创作的是国际版网络视频，还需在脚本创作中明确采用外文配音还是外文字幕的问题。

二、故事片类视频脚本创作

故事片类网络视频是围绕故事情节展开的，用一段故事去承载创作者想要表达的中心。创作天府民俗文化故事片类视频，应更多着力于戏剧冲突的设计和故事情节的描绘，将天府民俗文化作为故事的背景，有机嵌入故事之中，让海外观众为故事所打动的同时潜移默化地对天府民俗文化产生认同。

(一) 设计戏剧冲突，构建精彩故事

以面向"一带一路"传播天府民俗文化为目的创作的故事片类网络视频，在脚本创作时，要以天府民俗文化为故事背景，但并非直接讲述天府民俗文化。在故事构思时，可选取某一天府民俗文化题材为故事背景，用故事片的手法讲述天府民俗文化传承人的励志、创业故事，如电视剧《世纪人生》讲述锦江饭店创始人董竹君的传奇人生，同时展现了天府传统美食文化；也可采用更广的视角，以一个历史时期的天府民俗文化为故事背景，观众通过对故事片的观赏了解一段时期四川风土人情的方方面面，如电视剧《死水微澜》改编自著名作家李劼人同名小说，这部小说被称为"19世纪末成都风俗志"，电视剧也精彩展示出那个年代成都的风土人情。

| 第六章 |
"一带一路"视域下天府民俗文化网络视频创作策略

上述两部经典电视剧,都塑造了深入人心的典型人物形象,设计了精彩的戏剧冲突,讲述了动人的故事,同时又展示了特定历史时期的社会生活,有机融入了天府民俗文化。从脚本创作角度来说,这是我们创作天府民俗文化国际版故事片类网络视频的标杆,值得我们去深入研究、学习借鉴。

(二)设计故事背景,凸显文化价值

我们创作国际版故事片类网络视频,其根本目的仍然是面向"一带一路"沿线国家传播天府民俗文化。基于设定的传播目标,故事背景的设定就显得格外重要。为此,我们要锁定故事发生的年代、地域、民族,要清晰地展现故事背景,表明是哪个年代、哪个区域、哪个民族的天府民俗文化。

在创作过程中,创作团队要深入研究天府民俗文化历史资料,深刻认识到不同地域、不同民族的民俗文化都会随着历史进程、社会发展发生不同程度的变化,例如今天的川茶文化与民国时期的川茶文化、清代川茶文化都有所不同,茶具、礼仪、茶馆等文化元素均发生了不小的变化,如果我们不尊重地域、民族、时代原貌,在背景设计中就会张冠李戴、贻笑大方。

三、科教片类视频脚本创作

创作天府民俗文化国际版科教片类网络视频,目的是采用直观方式向"一带一路"受众直接传播天府民俗文化有关知识与技艺。这类网络视频有其特殊要求:一是内容安排、讲解要通俗、浅显易懂,不能专业性过强;二是形式上要生动、有趣,不能枯燥乏味。这需要我们在脚本创作中去深刻把握。

(一)专业人士讲解、展示天府民俗文化

科教片类网络视频脚本创作,首先要根据天府民俗文化选题确定视频的讲解者、展示者。讲解者、展示者应当是该领域的专业人士。在脚本创作设计中,可分为两种情况:一是讲解者与展示者是同一人,既讲授又演示;二是讲解者与展示者由不同的人担任,将讲授与演示同步展示在观众面前。

（二）讲解、展示通俗易懂、节奏明快

在国际版科教片类网络视频脚本创作中，我们必须做到通俗易懂，因为受众与我们的社会、文化背景完全不同，如果让他们难以理解，就达不到我们预期的传播效果。例如，四川武术中蕴含着精深的中国古代哲学思想，但我们在向海外普通受众进行科普式传播时，要用通俗的语言进行讲解。同时，在视频中对武术动作的表演展示，脚本设计时要充分考量，力求繁简得当，选取经典武术动作，避免冗长，始终保持表演的精彩度，以求牢牢吸引海外观众的眼球。

（三）注重讲解、展示的趣味性与互动设计

创作国际版科教片类网络视频，不仅要通俗易懂，还要力求生动有趣，才能在"一带一路"沿线各国获得良好的传播效果。在脚本创作时，一是要保证视频讲解适当采用风趣幽默的语言，也包括讲解人肢体语言的设计；二是对一些可能让海外观众难懂的内容，可用传播目标国适当的人和事打比方，既帮助观众理解，又增加了亲近感；三是在展示设计中，要注意道具的趣味性，要在展示过程中故意安排一些小悬念，激发海外观众的好奇心。

科教片类网络视频与科教影视片不同，要在脚本中设计与受众的互动环节。一是可设计一些相关的趣味性强的问题，抛给观众去思考和回答；二是可设计观众提问和评价环节，由传播者通过网络平台去回应。这样的设计，能够在一定程度上更好地帮助海外观众了解天府民俗文化，产生认同感。

四、娱乐片类视频脚本创作

娱乐片类网络视频的最大特点在于意义的共振，可以用最简单欢快的视频内容去促进更广泛的认知。娱乐是短暂的狂欢，民俗文化是长期的精神产物，可将二者有效结合，通过娱乐性话题提高天府民俗文化的关注度。

（一）巧造噱头

娱乐片视频的脚本创作领域十分宽广，其内核是愉悦大众，但过于平铺直

第六章
"一带一路"视域下天府民俗文化网络视频创作策略

叙的手法或模仿爆款的方式会造成同质化内容的堆积,从而降低娱乐片视频的传播效果。因此在脚本构思中,应将重点移至创造噱头上。噱头,即看点、卖点。一个成功的噱头或许可以成为塑造品牌内容的利器。为确保噱头是别出心裁且不易被模仿的,就要从创作者的实际情况以及环境因素出发,通过团队头脑风暴找到最佳噱头。比如在抖音、快手平台均具有较高知名度的娱乐类视频ID"川剧男孩华华",以不满10岁的"川剧男孩"华华作为噱头,围绕"满级哲学""父子的互怼日常""文化传承"三个话题进行视频创作,展现了华华在学习川剧过程中的酸甜苦辣,在川剧频道打造了具有持久生命力的人物IP,并在川剧的文化传播大潮中夺得了一席之地(如图6-3所示)。

图6-3 爸爸正在教华华练习回马枪

(图片来源于抖音"川剧男孩华华"账号)

(二)寓教于乐

娱乐片类天府民俗文化网络视频,"娱乐"只是作为外衣呈现,其内核仍是天府民俗文化知识。娱乐片类视频的脚本创作,应抓住天府民俗文化知识性传播这一内核,将之巧妙地与娱乐元素、娱乐方式融合,切忌剥离天府民俗文化，陷入纯娱乐的混沌狂欢之中。阿根廷人"夏波波 Brian"是"想要在41岁之前吃遍中国所有美食"的 B 站美食区知名 UP 主，他的视频因突出的娱乐风格、个人特色以及美食文化价值而广受青年群体喜爱。他在2021年5月发布的视频《川湘赣三省的魔鬼吃辣挑战，到底中国哪里的菜最辣?》中，以"吃辣挑战"作为噱头，实则道出了川湘赣三省的吃辣习俗，寓教于乐，备受好评（如图6-4所示）。

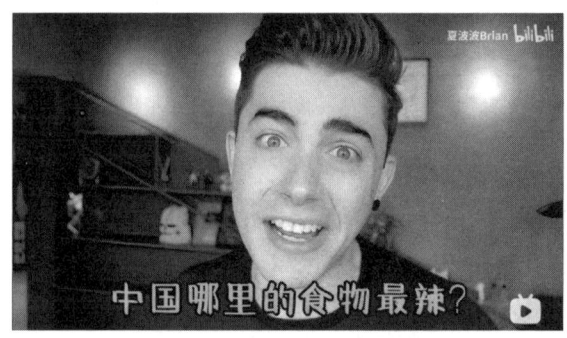

图6-4　《川湘赣三省的魔鬼吃辣挑战，到底中国哪里的菜最辣?》截图

（图片来源于 B 站 UP 主"夏波波 Brian"的视频）

第三节　拍摄创作

镜头是影视作品创作的基本单元，是视听艺术语言的基本元素，也是拍摄创作中的主要考量因素，剪辑则体现着影视作品创作的本质。拍摄行为直接产生具象画面，是天府民俗文化网络视频给予海外观众最直观的视觉感受。

一、纪录片类视频拍摄创作

（一）构图上兼顾平衡之美与人文之美

为了展现纪录片的艺术之美，拍摄时对画面进行构思是非常重要的环节。对于天府民俗文化而言，影响构图最重要的因素即平衡之美与人文之美。

第六章
"一带一路"视域下天府民俗文化网络视频创作策略

纪录片往往具有"节奏舒缓"的特征,多带有一种娓娓道来的幽静感,而舒缓节奏下的画面构图要求具有平衡感。人文历史感构图则是拍摄创作中更深层次的技法,比如镜头的虚化,前景、中景、后景的排列组合,色调深浅明暗的调整等。例如,李子柒的视频《千年民俗蕴服章之美,蜀绣文化彰华夏礼仪》,以严谨的构图展现生活气息与人文交融的蜀绣文化。视频作品多次运用人景交融的拍摄手法,通过远景制造视觉上的层层递进:树木、花朵、果实、屋檐、人与刺绣……赏心悦目的平衡感与内在的人文之美体现得较为完美。

(二)减少蒙太奇拼接,赋予受众更多真实感

纪录片类网络视频需要给观众足够的真实感,反映在拍摄创作中即是需要减少蒙太奇剪辑手法的运用。

减少蒙太奇式拼接可以最大限度还原真实,带给受众连贯的视觉体验。在天府民俗文化纪录片类视频的拍摄中,应运用摆拍、跟拍、抢拍、等拍等方法,取得连续镜头素材。例如,李子柒的蓝印花布制作视频,以记录日常生活的形式同步记录了蓝印花布的制作过程,运用简单的镜头组接,尽可能体现视频内容的真实性,也为观众进一步了解特色生产民俗提供了影视窗口。

二、故事片类视频拍摄创作

(一)将剪辑技法融入历史素材

为了较好呈现天府民俗文化背景,故事片类网络视频的拍摄要重视历史素材的搜集与剪辑技法的使用。比如创作发生在茶马古道上的历史故事,要搜集、复制大量的历史素材,川茶故事相关人物、相关物件等,再使用绘图工具、动画技术将其灵活转化、呈现。在素材搜集中要注意风格的统一、恰当,不能出现错误的历史知识。剪辑技法的运用,应将脉络清晰奉为第一原则,在此基础上思考怎样做到独创与吸睛。其中要注意将时空线加以整合,组合拼贴出别致的故事片类视频。

（二）善用推、拉、摇、移等移动镜头，推动情节发展

故事类网络视频摄制还要更多考虑视频内容中复杂多样的情绪表达，因此在拍摄中要将重心放在移动镜头的运用上，用多元的移动镜头辅助表达故事的情感。"推"镜头可以凸显人物面部情绪，"移"镜头则可以展示民俗文化物件的细节，如川菜、四川竹编、蜡染的制作程序等。故事片网络视频拍摄创作要善用移动镜头，让镜头语言更加丰满，才能艺术化表现故事情节的跌宕起伏，体现出故事背景的丰富多彩。

三、科教片类视频拍摄创作

（一）注重近景、特写镜头运用，进行细节描绘

天府民俗文化科教片类网络视频是为天府民俗文化知识传播、技艺讲授而创作的，在拍摄中要注重描绘民俗文化细节，精心运用近景与特写镜头，拉近与海外受众的视觉距离，以更细致的手法去讲解四川民俗的文化内涵。比如峨眉派武术的招式解构，就要在交替运用远、近景的基础上拼接重点招式的特写镜头，同时也要注意剪辑的连贯性与转场的自然性，以展现峨眉派武术刚柔并济、内外兼修、快慢相间、似柔而刚的独特之处。在科教型纪录片《中华武功》第八集——武当玄功中，就以大量的特写、近景镜头解构武当拳法，结合俯拍、平拍、仰拍，使拳法的观感更为流畅，展示出少林拳与内家拳的别样风采，值得我们参考借鉴。

（二）外景拍摄与讲堂拍摄交替运用，混合剪辑

科教片类天府民俗文化网络视频中一般要设定讲授者，要构建一处与天府民俗文化题材吻合的讲堂，讲堂可设置在室内，也可设置在室外。要对讲堂安排多机位拍摄，为剪辑提供便利。

为了保证此类网络视频更加生动直观，可根据科教片讲授内容进行外景拍摄。其技法与纪录片视频拍摄手法基本一致，镜头节奏可稍快一些。

在网络视频后期制作过程中，应将讲堂拍摄镜头与外景拍摄镜头交叉混合

剪辑，让讲解人的讲授与实景展示有机融合，以此增强视频作品的通俗性与趣味性。

四、娱乐片类视频拍摄创作

（一）着重渲染噱头，强化娱乐效果

用娱乐片类网络视频传播天府民俗文化，要在拍摄中适当运用技巧，突出呈现脚本中所创造的噱头。对噱头的渲染可以通过移动镜头、固定镜头、剪辑、视听特效加以强化。比如，在移动镜头中，可用"推"镜头加强噱头的凸显程度；在固定镜头中则以构图的强弱结构对比来突出重点；在剪辑中要把握节奏感，视频片段的拼接要根据内容重要性详略得当地构思剪辑思路，把含有噱头的片段尽早呈现出来，以强化受众的认知度与辨识度；在视听特效的创作中，可以利用背景音效强调视频内容，从听觉层面激发受众情感共鸣。

（二）精心设计场景与道具，提升画面质感

天府民俗文化娱乐片类视频质量的提升，一定程度上需依靠视频画面美感的提升，而场景与道具的选取与设计是一个重要的方面。场景、道具要能凸显天府民俗文化元素，同时又要体现时尚感、娱乐感，与娱乐片的特质相符。

（三）精心打造娱乐内容、形式，真正做到健康趣味

我们创作的是天府民俗文化国际版网络视频，肩负着国际传播的使命。采用娱乐片的形式进行创作，要坚持健康的娱乐方式，不能低级庸俗、哗众取宠，否则就是给天府民俗文化抹黑，造成极坏的国际影响。在娱乐内容和形式的设计上，要遵循积极向上的价值理念，实现健康与趣味的有机统一，让"一带一路"各国观众在快乐中体验天府民俗文化的独特魅力。

第四节　外文配音

网络视频外文配音是国际传播的基本要求。天府民俗文化网络视频要更好地走出国门、走向"一带一路",如果仅停留在配置外文字幕的水平,国际传播效果就会大打折扣,这一关需要我们努力迈过。

一、外语旁白

(一)声画同步,有效整合旁白、字幕、画面

声画同步是体现作品质量的重要因素。创作者在细节处理上要注意,避免视频内容发生割裂、错位,引起观看不适。基于此前提,外文旁白必须和字幕、画面进行协调与整合。三者应具有一致性,在后期处理中应精确到帧,而优秀的视频作品如将三者有机整合则可以创造出韵味十足的镜头语言。

(二)提炼语义精髓,发挥引导与解释功效

旁白作为抽象的语言符号,具有高度的概括力。在国际版网络视频中,外语旁白也同样发挥着引导与解释的功效,它能调动观众的情绪,甚至成为海外观众热议的重点。因此,外语旁白宜简不宜繁,应秉持能让海外观众轻松看懂视频内容的原则,将汉语中的复杂语义化繁为简,提取精华,恰如其分地将旁白转化成受众国语言,创作出条理清晰的视频作品。就如纪录片《舌尖上的中国》,在解释每一种食物的结尾部分都会进行总结,以概括性、拟人化的语言升华食物的内涵,例如:"这是盐的味道,山的味道,风的味道,阳光的味道,也是时间的味道,人情的味道""一碗糖水,融化中国父亲的深沉内敛。然而第一次面对未来的女婿,每一个父亲心里的滋味,也许要比一碗糖水来得更为复杂"。

| 第六章 |
"一带一路"视域下天府民俗文化网络视频创作策略

二、人物外语配音

(一) 采用专业配音,精准传递人文情怀

人物的外文配音是海外大众能够接收到的同频信息来源,给网络视频作品配置了一套新的语言体系。天府民俗文化国际版网络视频中,人物角色的配音仍然应是饱含感情的,与原视频所传达的情感、人文精神保持一致,不能因为配音失当,造成对人物角色个性的扭曲。

人物外文配音专业性强,不仅需要精通外语,还需要一定的专业表演能力,能恰如其分地演绎轻重缓急的情感,要选用具有专业能力的人员。通常情况下,视频选用专业配音演员或精通外语的人士进行配音,配音者"表演家"的能力也需要发挥到极致。当然,也有特例,让视频中的人物为自己配音,但配音者需要同时兼备"语言家"的能力,例如,2022年北京冬奥会的宣传片 *Strong together* 就请到我国著名自由式滑雪运动员谷爱凌配音,她是北京冬奥会的最佳代言人,又因其海外背景,配音的适配度不言自明。

(二) 遵循语义翻译原则,避免文化传播歧义

汉语与"一带一路"沿线各国语言隶属不同语系,高水平的翻译是保证外文配音成功的基础。在翻译过程中,关键是要正确把握天府民俗文化表达的真正含义,采用语义翻译的方式转换成受众国语言,切忌生硬直译。

在翻译中,要充分考量天府民俗文化网络视频传播目标国民众的语言逻辑与我们的差异性,要顺应海外观众的语言逻辑,实现中文向外文的有机转换,避免海外观众对天府民俗文化产生误读、误解。

同时,还要考量译文通过配音者发声,能否与网络视频人物口型、语气、语句长度吻合,否则会直接影响外文配音效果,降低天府民俗文化国际版网络视频传播的影响力。

第七章 天府民俗文化网络视频"一带一路"传播模式

第一节 单一视频传播与长中短视频融合传播

在面向"一带一路"实施天府民俗文化网络视频国际传播时,传播主体可根据传播素材、经费预算、传播平台特点等因素,综合决策,选择单一视频传播方式或长中短视频融合传播方式,以追求传播的边际效益。

一、选取特定天府民俗文化素材,制作单一视频进行传播

(一)采用单一短视频方式,实现天府民俗文化"一带一路"线上快捷传播

此传播方式具有以下优势:一是制作周期短。利用抖音等平台,一般不需要做大量的后期编辑工作,甚至可采用现场直播的方式,如在凉山火把节、成都蜀绣工坊的活动现场,打开镜头,即可拍摄天府民俗文化短视频。二是制作技术门槛低。自媒体时代,随着摄制装备的智能化,5G网络支撑,短视频制作技术门槛大大降低,图像、文字传播变得十分便捷。三是制作成本低廉。短视频制作周期短,专业和非专业人士均可参与其中,可以不投入大量的人力、物力、财力,甚至只需要一部智能手机就能拍摄一则天府民俗文化短视频。四是传播主体更加多元。制作天府民俗文化短视频面向"一带一路"沿线国家传播,可以由专业传媒机构完成,也可以由社会大众完成。这里所说的社会大众,与国内短视频线上传播的自媒体人士有所不同,一类是具有国际视野、外

第七章
天府民俗文化网络视频 "一带一路" 传播模式

语能力的华人，另一类是对中华传统文化感兴趣的外籍人士。他们是推动天府民俗文化"一带一路"网络视频传播的社会有生力量。

同时，我们也要认识到，此传播方式存在以下不足：一是传播信息量有限。由于视频时长的限制，短视频只能针对某一特定天府民俗文化的一个点，无法全面传播这一民俗文化的全部内涵。二是视频质量良莠不齐。在现实生活中，网络短视频的社会大众生产量高于专业机构、专业人士生产量。非专业人士生产的短视频具有即兴性，镜头语言、采音、配音水平往往不高，对天府民俗文化的展示度有限。三是容易造成误解与误读。事物往往具有两面性，社会民众成为网络短视频国际传播的主体，这是科技的进步、时代的进步，但由于他们并非专业人士，对天府民俗文化缺乏深入了解，按照自己的主观感受去做表象的解读，容易误导海外观众。例如，针对四川农村丧葬习俗，如果不做科学的、历史的、客观的解读，就极易让海外观众简单误解为愚昧、迷信与落后。四是适宜题材有限。不是每一项天府民俗文化都适合网络短视频方式传播，特别是国际传播。网络短视频国际传播，只能选取海外观众通俗易懂的题材，不然不足5分钟的视频只会使人感到不知所云，很难激发文化共鸣。

综上所析，我们能够得出这样的结论：要充分利用网络短视频制作成本低、快捷便利、量大及时等优势，引导更多国际传播专业机构、专业人士向"一带一路"国家制作发布更多的具有专业水准的网络短视频，既达到提高国际传播整体水平的目的，又发挥示范引领作用，引导大众提升自媒体国际传播水平，大幅提高天府民俗文化在"一带一路"国家线上的展示度。

（二）采用单一中、长视频方式，面向"一带一路"实施网络视频传播

此传播范式具有以下优势。一是信息量相对较大，能较完整地反映所选取的天府民俗文化题材。特别是长视频，可以详细展示天府民俗文化发展渊源，让海外观众能有更加直观、完整的感受。二是选取题材更为广泛。制作中、长视频，就有可能选取海外观众更具陌生感的天府民俗文化题材，通过艺术化的解读，扩大天府民俗文化国际传播深度与广度。三是艺术表现手法更加多元。相对短视频而言，中、长视频可根据受众特点、题材特色等因素，选择采用科普型、故事型等不同表现手法，提高国际传播效力。

此传播方式仍然存在一些不足。一是策划、制作技术水平要求较高。中、长网络视频需要专业人士制作，社会大众很难成为传播主体。二是制作周期相对较长。面向"一带一路"沿线国家的中、长网络视频，基本无法通过直播方式，拍摄前需要精心策划、创作脚本，拍摄完需要后期制作，经历一个较为完整的创作周期，才能进行网络投放。三是制作成本较短视频高。拍摄天府民俗文化中、长网络视频海外版，需要投入一定专业装备、人力资源，并有一定的经费预算作为支撑。

综上所析，我们认为：面向"一带一路"沿线国家传播天府民俗文化，四川各级政府责无旁贷。政府应当充分发挥主导作用，动用政府资源，扶持专业团队，深度策划，推出天府民俗文化海外版中、长网络视频，着力打造精品，以此提升天府民俗文化国际影响力。

二、选取特定天府民俗文化素材，实施长、中、短视频复合传播

（一）采用同一题材、同一表现手法，同步剪辑长、中、短视频开展复合传播

动用专业力量，深度挖掘某一特定天府民俗文化题材内涵，通过精心整理、包装、策划，采用适宜的艺术表现手法，按照长视频标准时长拍摄海外版网络视频。如果在后期剪辑制作中，只单一制作与投放一个版本的长视频，在融媒体时代无法达到最佳的传播效果。聪明之举，就是充分利用拍摄素材，同步剪辑长、中、短视频，上线实施复合传播。

采用此传播策略，具有以下优势：一是对拍摄素材进行充分利用，在无需增加太多资金投入的情况下，就能获得三个以上版本的网络视频；二是多种时长版本的网络视频，可同时满足不同网络传播平台的需要；三是为观众提供了多项选择，能更好地满足不同海外观众的需求。

值得注意的是：剪辑完成的长、中、短视频并非一定同步上网，可以采用同步上线式复合传播，也可以采用递进上线式复合传播。在通常情况下，按照短、中、长顺序实施递进上线式复合传播更加科学，先用短视频激发海外观众兴趣，再用中、长视频跟进，能较有效地提高海外观众的黏性。

（二）采用同一题材、不同表现手法，同步制作长、中、短视频进行复合传播

针对部分重大的天府民俗文化题材，在预算充足的前提下，可以同时组织两个以上专业团队，采用纪录片、故事片等不同的创作手法，针对同一天府民俗文化题材拍摄制作不同时长的海外版网络视频。

采用此传播策略，具有明显的优势。在对"一带一路"沿线国家目标受众群体细分的基础上，能够较好地同步满足不同受众群体的需求。例如，热衷研究汉学的海外学者，以及研究世界历史、世界民俗文化等领域的海外学者等特殊受众，他们更需要专业知识含量高的科教类纪录片式网络视频；而一般海外网民则更乐于观赏富有情感表达的故事片类网络视频以及有环境、人物烘托的纪录片类网络视频。采用不同创作手法，同步制作多版本网络视频，面向"一带一路"实施复合传播，能够进一步提升天府民俗文化国际传播水平，甚至能激发"一带一路"沿线国家学术界研究天府民俗文化的热情。

第二节 单一媒体传播与多媒体融合传播

面向"一带一路"实施天府民俗文化国际传播，要与海外媒体通力合作。"一带一路"沿线国家众多，各国国情不同，互联网媒体发展情况不同。向他国投放天府民俗文化网络视频，是采用单一媒体传播，还是多媒体融合传播，往往要以传播主体与海外媒体达成的合作意向而定，当然，我们也可以自主投放海外完全开放式互联网社交平台。

一、满足特定网络媒体需要并进行唯一授权，开展网络视频传播

（一）深入分析研判单一合作网络媒体主要受众群体

与他国某一特定网络媒体合作，投放网络视频传播天府民俗文化，需要投放主体深入研究该网络媒体的目标受众，并对其进行大数据分析，剖析其年

龄、性别、民族、信仰、文化程度等。与采用多媒体融合传播不同，与单一网络媒体合作，需要更加精准地研究目标受众。这是一项重要的基础性工作，是网络视频创作的前提。

（二）为目标受众量身定做网络视频产品

不是任何题材的天府民俗文化都适宜向合作媒体的目标受众传播。需要我们在深入调研目标受众的基础上，精心选择天府民俗文化题材，精心谋划题材表现手法。网络视频拍摄脚本编撰、拍摄场景选取与搭建、人物选择、配音配乐等，都需要创作团队充分考量目标受众的接受度。例如，与伊斯兰国家网络媒体合作，就不能拍摄投放以猪肉为食材的四川美食民俗文化。

（三）制作、投放系列网络视频作品

与他国单一网络媒体合作，进行唯一授权，一般情况不宜仅投放一个天府民俗文化网络视频。若仅投放一个网络视频，前期投入成本较大，传播效益不高。应当充分利用对目标受众前期调研成果，选择适宜的系列天府民俗文化题材，可选择采用某种单一艺术风格，也可选择采用多种艺术风格，创作系列或多个他国主要语种的天府民俗文化网络视频，在一段时间内实现持续投放，逐步提升网络流量。

二、在若干新媒体平台发布网络视频，运用矩阵方式开展全方位传播

（一）单一天府民俗文化网络视频作品向若干海外网络媒体投放

在国际传播实践中，可向目标国家和地区多家影响力强大的网络媒体投放宣传视频，以求传播效益最大化。我们制作完成一部天府民俗文化网络视频，向"一带一路"沿线国家网络媒体推送时，可根据实际情况采用三种路径：一是基于英语是国际交往使用最广泛语种的考量，制作成英文版网络视频，在影响广泛的国际化网络媒体上投放；二是制作某一特定语种版本的网络视频，向某一特定国家的网络媒体投放，例如，制作一部越南语版本的天府民俗文化网

第七章
天府民俗文化网络视频 "一带一路" 传播模式

络视频，通过"越南 VTC 传媒"等多家网络平台向越南大众传播；三是制作某一特定语种版本的网络视频，向使用同一语言的多个"一带一路"沿线国家网络媒体投放，例如，制作一部阿拉伯语版本的天府民俗文化网络视频，在沙特阿拉伯、阿联酋等 22 个阿拉伯国家具有影响力的网络媒体上同步传播。

（二）同一题材系列天府民俗文化网络视频作品向若干海外网络媒体投放

为实现天府民俗文化深度国际传播，我们可以组织专业团队对所选择的天府民俗文化题材进行深度挖掘，形成系列海外版网络视频，向多家海外网络媒体同步推送。在国际传播实践中，主要可分为以下四种方式：一是制作同一语种、同一时长的系列网络视频，向特定国家多家网络媒体持续推送；二是制作同一语种、同一内容、不同时长的网络视频，向特定国家多家网络媒体递进推送；三是制作多语种、同一题材、同一时长的系列网络视频，向多国若干网络媒体持续推送；四是制作多语种、同一题材、不同时长的系列网络视频，向多国网络媒体递进推送。

（三）多种题材天府民俗文化网络视频作品向若干海外网络媒体投放

向"一带一路"沿线国家讲好天府文化故事，需要全方位传播天府民俗文化。而政府引导，政府文化机构、社会专业机构和专业团体形成合力，是推进天府民俗文化网络视频"一带一路"传播的主力军。省、市（州）两级政府文化主管部门应当利用政府、社会资源，引导形成国际传播力量，通过对天府民俗文化的多层面、多视角挖掘与整理，提炼形成适宜"一带一路"国际传播的系列题材，制作多个天府民俗文化海外版网络视频，精准定位目标人群，制定合理的传播策略。可与若干海外网络媒体合作，面向"一带一路"沿线多国受众广泛推送。主要可运用以下传播路径：一是采用较为一致的艺术表现风格，将若干题材的天府民俗文化制作成时长相近的系列海外版网络视频，通过海外网络媒体平台持续推送；二是将若干题材的天府民俗文化制作成长、中、短等不同时长的系列海外版网络视频，通过海外网络媒体平台按照先短后长的顺序递进推送；三是针对不同题材的天府民俗文化，采用不同的艺术表现手法，制作多部不同时长的海外版网络视频，选择多家海外网络媒体合作，持续分散式投放。

总之，在媒介融合时代，我们面向"一带一路"沿线国家实施天府民俗文化网络视频传播，要充分运用新媒体矩阵，尽最大可能提升网络视频在海外的有效传播力，以赢得可观的线上流量。如四川国际传播中心在 YouTube、Facebook、Twitter、Instagram 和 TikTok 等海外传播平台建立了账号矩阵，也在同一平台开设了多个不同类账号，以移动传播、视频传播、社交传播为抓手，通过机构、垂类、个人三圈层账号，开创官方、精英、民间多层次话语圈，打造了同频共振、复调传播的新格局，让世界读懂四川故事，感受中国美好。

第三节　官方传播与民间传播双重发力

天府民俗文化国际传播，是四川文化国际传播的重要组成部分。推进文化国际传播，其首要目的是提升文化软实力。正因如此，天府民俗文化网络视频"一带一路"传播首先体现的是其公益性。同时，我们也应当认识到，天府民俗文化国际传播，能助推四川旅游业高质量发展，也能助推民俗特色产品走向世界。由于其具有公益性与经济性双重功能，需要政府与大众共同发力，在政府引导下政府、社会组织、社会大众形成传播合力。

一、政府主导下的天府民俗文化网络视频"一带一路"传播

（一）四川各级官方媒体开展天府民俗文化网络视频"一带一路"传播

就四川全省而言，省、市（州）、县三级党委政府均拥有媒体机构。省、市（州）两级报社、电视台都分别建立了网络媒体平台，基本实现了向融媒体的转型；县级报刊机构与电视台基本完成整合，建立了融媒体中心。当前，三级官方媒体机构都对天府民俗文化国内传播做了大量工作，市（州）、县级媒

第七章
天府民俗文化网络视频 "一带一路" 传播模式

体立足本土民俗文化传播制作了许多独具特色的视频。但是，总体来看，三级媒体推动天府民俗文化国际传播做得远远不够，需要在以下方面持续发力：

一是组建国际传播专门力量。川报集团、四川广播电视台有一定的国际传播力量，但仍然停留在以英文为主的大语种国际传播的层面。"一带一路"是我国文化国际传播的重中之重，涉及国家众多，省级媒体应当承担主干使命，组建多语种国际传播团队，为包括民俗文化在内的天府文化"一带一路"传播提供人才支撑，并不断提升省级新媒体国际传播影响力。天府民俗文化资源与旅游资源富集的市（州）、县，也应当采取自建与合作相结合的方式组建国际传播专业团队，深度挖掘整理本土民俗文化题材，推动民俗文化传播"走出去"。

二是与央级媒体深度合作。按照中央战略部署，新华社（新华网）、《人民日报》（人民网）、中央广播电视总台等央级主流媒体是中华优秀传统文化国际传播的领军机构，在国际上有广泛而强大的影响力。应当由省委宣传部门主导，省级媒体牵头，市（州）、县级媒体通力配合，与央级主流媒体高水平合作，制作多题材、多风格、多语种、多种时长的海外版天府民俗文化网络视频，借助央级媒体国际传播平台，面向"一带一路"国家实施有效传播。

三是与他国网络媒体积极合作。全省三级党委政府，特别是省、市（州）两级，在推动国际交流交往中，应当将媒体机构的国际交流交往纳入其中，克服排斥、回避的心态。各级媒体机构应当增强国际合作的行动自觉，从既有的国际友城媒体机构等资源入手，在"一带一路"沿线国家寻求国际传播合作伙伴。在合作方式上，既可以自制天府民俗文化海外版网络视频，利用所合作的他国网络媒体平台传播；也可以采用与他国新媒体合作共同制作的方式，生产共同版权的天府民俗文化网络视频，在海外新媒体平台投放传播。

（二）四川各级外事部门实施天府民俗文化网络视频"一带一路"传播

除省级外事部门承担部分中央下达的外事任务外，省、市、县三级外事部门在各级党委政府领导下，承担着推动与友好国家区域间、城市间交流交往的外事任务。外事部门在推动国际交流交往中，通常以促进科技、文化交流交往为主。实际上，天府民俗文化早已成为四川各级外事部门国际交往的"伴手礼"，但主要是实物型工艺品、戏剧类表演、摄影展等，传播受众以友好国家政府官员及各界知名人士为主。四川各级外事部门应当创新改革，实实在在扛起"讲好中国故事""讲好四川故事"的使命责任，组织专业团队制作，或利用各级政府媒体机构既有成果，将天府民俗文化网络视频在我国驻外使领馆及机构网站、友城新媒体平台推送，有效扩大文化交流交往的广度与深度，让天府民俗文化网络视频成为"一带一路"沿线国家大众了解中国、了解四川的一扇美丽的窗户。

（三）四川各级文旅部门实施天府民俗文化网络视频"一带一路"传播

四川是文化旅游资源大省。按照省委的要求，四川要奋力成为文化强省、旅游强省。在高水平对外开放的新阶段，文化旅游应当挑起更大的重任。全省各级文化旅游主管部门要更具国际视野，开展文化、旅游融合性的国际传播。天府民俗文化具有文旅融合的天然特质，是四川文旅融合发展的重要载体。全省各级文化旅游主管部门理应将天府民俗文化作为国际传播、拓展国际文化市场和旅游市场的重要抓手。在既有的工作实践中，文化旅游部门通常采用论坛、博览会等各类现场活动的方式实现交流交往与传播。随着时代的发展，线上交流交往与传播是十分重要的。全省各级政府文旅部门应当更加主动地转变工作方式，与"一带一路"沿线国家文化、旅游机构合作，在线上打造永不落幕的博览会，永续推广天府文化旅游。在此过程中，组织各方力量，不断创作美丽、有趣的天府民俗文化海外版网络视频，持续进行线上推送，是一项重要的工作。让"一带一路"沿线国家广大民众通过观赏天府民俗文化网络视频，真切感受四川美丽的风光、富有魅力的人文和善良友好的精神，能够有效助推四川文化产品在"一带一路"的道路上绽放光彩，吸引更多国际友人来川做客。

二、促进社会组织实施天府民俗文化网络视频"一带一路"传播

（一）商会类社会组织实施天府民俗文化网络视频"一带一路"传播

在市场经济发展过程中，商会发挥着不可或缺的作用。拓展海外市场，需

第七章
天府民俗文化网络视频 "一带一路" 传播模式

要企业抱团出海，商会就是同业、同乡企业抱团出海的纽带。四川本土特色产品拓展"一带一路"海外市场，需要彰显文化特色的包装，讲好天府民俗文化故事。商会及其成员企业应当摒弃单一依靠商业广告开拓市场的传统思路，借鉴发达国家经验，靠文化传播开路，用文化认同换取商品认同。诸如四川茶业商会、酒业商会等，应当调动自身和成员企业资源，组织整合文化、传媒力量，根据行业、产品特质，定向挖掘整理天府民俗文化，制作含有隐性植入广告的天府民俗文化海外版网络视频，与海外合作商、合作商会以及海外新媒体合作，瞄准"一带一路"目标市场精准持续投放，通过培养文化粉丝达到培养忠实消费者的目的。

（二）协会类社会组织实施天府民俗文化网络视频"一带一路"传播

我国在对外文化交流交往中，除直接由政府出面以外，更多是以文艺团体，特别是各类文化协会作为国际文化交流交往的主体。天府民俗文化源远流长、范围广阔，涉及四川若干文化协会。目前，四川各类文化协会在对外交流交往中，仍以互动访问及配套展览、学术性研讨会、演出等形式为主，形式传统单一，没有深入"一带一路"民众之中。协会应当充分发挥人才荟萃优势，让天府民俗文化专家出镜，邀请海外相应研究学者出镜，高水平制作天府民俗文化海外版网络视频，通过协会特有的渠道，实现"一带一路"线上传播。中外专家学者联袂解读天府民俗文化，使网络视频更有深度、更具可信力，能更大程度避免对天府民俗文化的误解误读，从这个意义上看，以协会为主体实施天府民俗文化网络视频"一带一路"传播，相较其他主体具有独特优势，需要我们高度重视、大力推动。

三、支持社会主体自发开展天府民俗文化网络视频"一带一路"传播

（一）新兴传媒机构开展天府民俗文化网络视频"一带一路"传播

在互联网时代，多种所有制的新媒体机构蓬勃发展，并且有腾讯等知名企

业走向全世界。这些民营新媒体机构受众占有率、网络影响力日益扩大，既需要党和政府支持帮扶，又需要党和政府规范引导，以保证其依法健康发展。推动天府民俗文化国际传播，要进一步调动民营新媒体机构的积极性，让他们始终成为生力军。

民营新媒体机构进行天府民俗文化网络视频"一带一路"传播，主要有以下操作模式：一是购买创作机构、个人的版权或传播权，在平台上投放；二是搭建开放式平台，吸引自媒体人自行投放；三是组织专业团队，投资制作天府民俗文化网络视频，自行上线播放。中华优秀传统文化国际传播是"国之大者"，天府文化国际传播是"省之大事"，需要全省各级党委、政府高度重视。对于上述三种传播模式，我们要规范、引导民营新媒体机构建立严格的内审机制，新闻、文化主管部门也要强化外部监审，保证通过新媒体平台传播的天府民俗文化网络视频符合中华优秀传统文化标准，同时其传播内容又不会引发国际误解、国际纠纷，始终有助于在国际上树立中国、四川的良好形象。

（二）中外自媒体开展天府民俗文化网络视频"一带一路"传播

自媒体时代，依托互联网，全球衍生出大量网络资讯平台，新媒体层出不穷。若干网络资讯平台都是开放性平台，为社会大众自主传播提供了强大支撑。天府民俗文化因其特有的文化魅力，及其与四川人文自然旅游资源的紧密关联度、与四川本土特色产品的紧密关联度，自然成为大量自媒体人的取材对象。自媒体拍摄天府民俗文化网络视频，用于国内传播居多，海外传播的较少。我们应当秉持开放包容的心态，支持鼓励自媒体在天府民俗文化网络视频"一带一路"传播中发挥积极作用。

支持引导自媒体实施天府民俗文化网络视频"一带一路"国际传播，主要有以下路径：一是帮助引导既有的长期积极传播天府民俗文化的国内网红，特别是具有良好教育背景的青年网红，拓展国际视野，积极制作反映天府民俗文化的海外版网络视频，在国际化开放型网络平台推送；二是动员鼓励海外华人华侨、留学生，特别是祖籍四川的华人华侨、留学生，在海外线上传播天府民俗文化视频；三是支持外籍友好人士，包括"一带一路"沿线国家来华留学生，用他们的视角和镜头展示天府民俗文化，通过外国人自制的天府民俗文化网络视频，形成更加贴近"一带一路"大众的线上传播模式。

第七章
天府民俗文化网络视频 "一带一路" 传播模式

当然，我们还应该认识到，海量自媒体传播具有广泛的大众性，但也从大众中不断产生出职业自媒体人。职业自媒体人的工作，背后是流量经济、广告经济的市场逻辑，加之天府民俗文化与四川特色产品的强关联性，跨境电商平台、直播带货平台也成为天府民俗文化网络视频国际传播的重要载体。例如，川酒民俗文化与川酒，川茶民俗文化与川茶，通过跨境电商平台向"一带一路"国家糅合传播必将成为发展趋势。

第四节 网络视频国人讲述与外籍人士讲述并重

天府民俗文化网络视频"一带一路"传播，在传播模式上，既可采用国人作为传播主体，直接向外传播；也可采用外籍人士作为传播主体，站在他们的视角，让外国人讲给外国人听。以上两种模式，在纪录片类、科教片类的海外版网络视频中均得到广泛运用，非故事片类天府民俗文化海外版网络视频同样可以采用。

一、国人讲述天府民俗文化海外版网络视频

（一）天府民俗文化非遗传承人作为讲述人

非物质文化遗产传承人承担着延续传统文脉的使命，不断地将匠心与个性创造融入传承实践活动中，对非物质文化遗产的持久传承发挥着不可替代的作用。

经官方认可的非遗传承人作为视频讲述人，具有较强的权威性，而其又来自民间，给观众以可亲又可信的感受。非遗传承人所具有的高超专业技能，可以提升视频的感染力和说服力，他们对于民俗技艺的展示与讲解，能让观众直观地感受天府民俗文化的魅力与价值，从而提升视频的传播力与影响力。如安仁文博抖音号曾发布视频，以道明竹编作为核心内容，通过四川省级代表性非遗传承人杨隆梅的介绍，将道明竹编的外观、工艺、技法等一一讲述，介绍了自己家族三代人都在做同一件事，并在最后表达了对于未来产业发展的展望与、

规划，对于传统文化的现代化创新与市场化经营也有自己的判断。通过这种非遗传承人的直接讲述，将民俗本身娓娓道来，观众在获得视听享受的同时增进了对文化本身的了解（如图7-1所示）。

图7-1 道明竹编视频截图

（图片来源于安仁文博抖音号）

（二）天府民俗文化专家学者作为讲述人

天府民俗文化历史源远流长，内容十分丰富，涉及领域广泛。长期以来，我国涌现了不少研究天府民俗文化的专家学者，他们研究天府民俗文化的演变发展历史，研究其文化价值、科学价值、艺术价值，研究其历史上对天府之国生产力发展、社会关系演进所产生的影响。天府民俗文化研究成果丰硕，在国内外民俗文化领域占有一席之地。

民俗专家学者出镜网络视频，对民俗文化的解读更加精准、全面而生动，能在较大程度上防止误读误解。策划制作海外版天府民俗文化网络视频，可以根据视频选题，邀请该领域的专家出镜担任讲述人，专业视角与通俗表达相结合，通过外文配音或外文字幕的方式，向"一带一路"沿线国家观众讲解天府民俗文化。若所邀请专家精通传播目标国语言，直接采用外文讲解，则效果更佳。如天府郫都抖音号发布的视频《望丛赛歌会》，便邀请了成都市郫都区文化名人、民俗专家卫志中，对望丛赛歌会进行了通俗易懂的讲解，为观众介绍了望丛赛歌会的历史由来与民间故事（如图7-2所示）。

第七章 天府民俗文化网络视频 "一带一路" 传播模式

图 7-2 民俗专家卫志中讲解望丛赛歌会由来

（图片来源于天府郫都抖音号《望丛赛歌会》）

四川著名巴蜀文化专家袁庭栋也曾在抖音平台对四川白酒的文化底蕴与起源做了讲解，结合三星堆这一四川文化瑰宝，以时间为序将四川白酒的历史向受众娓娓道来，不仅为受众科普了酿酒的知识，也增强了人们对于天府四川的了解（如图 7-3 所示）。此案例完全可以翻制成多语种版本的网络视频，用于"一带一路"国际传播。

图 7-3 袁庭栋讲解四川酒文化

（图片来源于袁庭栋抖音号《四川白酒的"前世今生"》）

（三）本国知名主持人、影视明星、网红大咖作为讲述人

网络新媒体传播与广播电视等传统媒体传播仍然具有相同之处，均可运用明星效应提升传播效力。当然，传统媒体只能通过单向传播，选用的多是职业明星，而新媒体可以通过双向互动，从广大自媒体人中培育网络明星，产生所谓"网红大咖"。

一是策划制作天府民俗文化海外版网络视频，为迅速提升线上流量、牢牢吸引受众"眼球"，可直接选用知名主持人、影视明星出镜。他们具有传播的职业素养，在镜头前表演更加从容自如。特别是选择对四川历史、文化熟知的本土知名主持人，效果会更佳。例如，成都电视台著名主持人周东牵头创办了历史文化类音视频栏目《东周社》，在爱奇艺、优酷、凤凰FM等线上平台传播。其中，《遇见都江堰》《品成都》《画说天府》等，涵盖了大量天府民俗文化的内容（如图7－4所示）。这些网络视频对天府民俗文化做了深度挖掘，画面制作精美，解说词文采飞扬，加之主持人周东的个人魅力，在国内已具有较高知名度。如果面向"一带一路"沿线国家，转化成海外版网络视频开展国际传播，也能取得良好的传播效果。

图7－4　《遇见都江堰·滔滔润物信无穷》视频截图

（图片来源于爱奇艺网站）

二是引导、鼓励广大自媒体人投身天府民俗文化网络视频制作与传播，培育更多的网红大咖；帮助他们拓展国际视野，致力于天府民俗文化国际传播。网红来自民众，贴近大众生活，容易拉近与受众的距离。例如，李子柒即是一名活跃于国内外互联网的自媒体博主，她的视频以中国特色的内容为主题，突

出自然性与高质量，没有刻意的引导与解说，将镜头对准产品或工艺本身，自己则作为学习者或制作者，将制作过程或生产工艺直接展现给公众，让产品代替自己说话，取得了显著的传播效果。目前其在 YouTube 平台粉丝量已达千万级别，由她担纲传播天府民俗文化具有较强的线上影响力。李子柒所发布的网络视频《老四川火锅》，以自己炒制火锅底料、准备食材原料的全过程为线索，将火锅这一天府民俗中具有标志性意义的元素呈现出来，在轻松恬静又"麻辣鲜香"的氛围中将火锅这一四川民俗呈现在观众眼前，生活气息浓郁，让观众在沉醉于视频之余，深刻感受到四川文化的深厚底蕴与兼容并蓄，及川人悠然自得、闲适从容的生活状态（如图 7-5 所示）。

图 7-5 《老四川火锅》视频截图

（图片来源于 YouTube 李子柒频道）

（四）海外华人华侨、出国留学生作为讲述人

"一带一路"沿线国家生活着大量的华人华侨，他们心系祖国，热爱中华文化。其中一部分华人华侨是从巴蜀大地走出去的，天府民俗文化是其永远无法割舍的乡愁记忆。海外华人华侨了解旅居国民众的文化心理，一些知名华侨在当地有较大的社会影响力，同时又具有语言优势，让他们出镜天府民俗文化网络视频，能顺畅地消除文化隔阂，实现令旅居国大众易懂、易接受的传播效果。例如，YouTube 博主"家常川菜 Sam"祖籍四川，现常年生活于西班牙，其在 YouTube 上发布的视频以川菜为主要内容，通过分享自己的烹饪过程，向国外观众传递四川美食文化（如图 7-6 所示）。

图 7-6 《郫县豆瓣制作》视频截图
（图片来源于 YouTube 家常川菜频道）

此外，他还会在西班牙缺乏正宗川菜食材或调料的情况下给观众以建议，为其提供生活小妙招，其所发布的视频包括凉拌菜、烧菜以及新派川菜等，为国外观众了解四川美食文化提供了有效的渠道。YouTube 博主"一家五口在英国"发布了 2023 年新年之际在英国户外庆祝新年的活动视频，其中涉及多种天府民俗文化，如四川木偶戏、川剧变脸，以直拍的形式，向观众展示了天府民俗文化的独特魅力。

同时，我们还应当看到，我国改革开放四十余年来，大量中国青年走出国门到发达国家留学深造，累计已达 600 万人左右，目前每年度出国留学人员将近 70 万人，遍及若干"一带一路"沿线国家，其中不乏从四川走出去的青年学子。多数出国留学生具有较强的线下线上社交能力，对海外青年更为了解，他们思维活跃，富有创新能力，其中还有一些留学生所学就是传播类专业，这是促进天府民俗文化网络视频"一带一路"传播的一股新生力量。我们完全可以通过留学同学会等社团组织将出国留学生，特别是川籍出国留学生的积极性调动起来，让他们加入天府民俗文化"一带一路"传播自媒体行列，成为天府文化故事传播人。

二、外籍人士讲述天府民俗文化网络视频

（一）海外来华留学生作为讲述人

随着我国高等教育事业的不断发展，越来越多的国外留学生来到中国求

第七章
天府民俗文化网络视频 "一带一路" 传播模式

学。四川拥有一批重点大学，高等教育资源较为丰厚，吸纳来华留学生数量居全国前列。不少海外来川留学生对天府文化，特别是天府民俗文化产生了浓厚兴趣，有较强烈的学习热情，因而成都产生了一批专门教授"老外"四川手工艺、川菜厨艺等的培训机构。一批批来自异国他乡的青年学子是天府民俗文化"一带一路"传播的天然桥梁，我们应当大力鼓励和支持他们举起镜头，用他们的眼睛、语言向他们的同胞讲述所体验到的天府民俗文化，使其成长为天府文化交流交往的国际友人，成为天府民俗文化"一带一路"传播的国际力量。如日本博主最新中国知っとか NAITO チャンネル就在 YouTube 上分享了自己在成都留学的所见所感，以自身的经历将具有特色的川菜文化在国外社交媒体上传播，获得了非同凡响的传播效果（如图 7-7 所示）。

图 7-7 日本留学生通过网络传播川菜文化

（图片来源于 YouTube 最新中国知っとか NAITO チャンネル频道）

（二）海外汉学专家、来华工作人员作为讲述人

改革开放以来，我国经济高速发展，而今已成为世界第二大经济体。随着我国国力的不断增强，出现了两个现象，一是海外出现了一定程度的汉学热，学习汉语的外国人越来越多，研究中国文化的国际学者越来越多；二是外资企业很多，来华工作的外国人很多。成都是特大中心城市，正在成为国际大都市，有许多来自"一带一路"沿线国家的"老外"在成都工作、生活。以上两类外籍人士均对中国有一定了解，他们中的不少人对天府民俗文化具有浓厚的兴趣，有的是天府民俗文化的业余爱好者，有的甚至是天府民俗文化的专业研究者。

我们在系统谋划天府民俗文化网络视频"一带一路"传播时,要有整合国内国际两大资源、两大力量的视野、勇气和智慧,其中海外汉学专家、来华工作人员等外籍人士是我们不容忽视的一支重要传播力量,他们作为传播者往往在本国有较高的可信度。我们可以向他们提供更多的天府民俗文化资讯和素材,与他们深度交流,鼓励、支持、帮助他们制作天府民俗文化网络视频,广泛传播天府民俗文化。来自德国的YouTube博主马克CN便是一个很好的例证,他在成都工作生活六年,对天府文化有着深刻的体验,在其发布的《外国人第一次看川剧》的视频中,以Vlog的形式记载了自己前往成都梅花剧社看川剧变脸的经历,十分真实和直观,将最鲜活生动的画面直接传递给欧美大众,有效激发了海外大众对川剧文化的好奇与兴趣,一定程度上助推了川剧文化"一带一路"传播(如图7-8所示)。

图7-8 《外国人第一次看川剧》视频截图

(图片来源于YouTube马克CN频道)

参考文献

一、专著

波兹曼. 娱乐至死［M］. 章艳，译. 北京：中信出版社，2015.

陈卓，等. 文化视域下的现代广告［M］. 成都：四川大学出版社，2020.

郭庆光. 传播学教程［M］. 2版. 北京：中国人民大学出版社，2011.

柯玲. 中国民俗文化［M］. 2版. 北京：北京大学出版社，2017.

刘海龙. 大众传播理论：范式与流派［M］. 北京：中国人民大学出版社，2008.

刘利群，张毓强. 国际传播概论［M］. 北京：中国传媒大学出版社，2011.

邵培仁. 传播学［M］. 3版. 北京：高等教育出版社，2015.

四川省地方志编纂委员会. 四川省志·民俗志［M］. 成都：四川人民出版社，2000.

童兵. 新闻传播学大辞典［M］. 北京：中国大百科全书出版社，2014.

王长潇，等. 多维视野中的网络视频传播［M］. 北京：中国传媒大学出版社，2021.

禹卫华. 社交媒体概论［M］. 上海：上海交通大学出版社，2020.

钟敬文. 民俗学概论［M］. 2版. 北京：高等教育出版社，2010.

二、报纸与期刊论文

陈慧，李政泽，傅晓明. YouTube中文学习资源大数据分析［J］. 首都师范大学学报（社会科学版），2022（6）.

甘苾豪，翁彬婷. 中国对外传播在维基百科平台中的机遇与挑战［J］. 社会科学，2019（6）.

郭海威，赵熳. 科普短视频的发展现状、面临的问题及优化对策［J］. 科技智囊，2022（8）.

郭丽敏，周建仁，郭丽君. 企业信息门户深化应用的探索实践［J］. 计算机产品与流通，2020（8）.

李后强. 天府文化的特质与内涵［N］. 四川经济日报，2018-09-26（5）.

李小智，叶一军. 社交电商流量裂变模式及典型代表分析研究［J］. 商业经济，2021（1）.

刘磊. 媒介环境学视角下短视频传播的场景规则［J］. 当代传播，2019（4）.

卢伟，张淼. 记录与纪录：记录性Vlog与网络微纪录片的边界探析［J］. 当代电视，2020（5）.

王辉，陈阳. 基于大数据的"一带一路"沿线国家孔子学院分布研究［J］. 云南师范大学学报（对外汉语教学与研究版），2019，17（1）.

王嘉，吴雅婷. 三个维度 看成都文创产业稳步发展［N］. 成都日报，2022-08-07（2）.

习近平. 携手构建合作共赢新伙伴 同心打造人类命运共同体［N］. 人民日报，2015-09-29（2）.

杨湖兴. 当代科教片的艺术创新与文化传递［J］. 今古文创，2020（5）.

杨荣国，张新平. "一带一路"人文交流：战略内涵、现实挑战与实践路径［J］. 甘肃社会科学，2018（6）.

依琰. 短视频市场规模持续扩大［N］. 中国商报，2020-11-03（5）.

周庆安. 读懂中国国家形象的历史、脉络和外延［J］. 中国记者，2013（2）.

邹锦锦. 试论贾樟柯纪录片与故事片的特征差异和边界［J］. 美与时代（下），2016（6）.

三、学位论文

董倩玉. 基于传播学视角研究搜索引擎的发展——以百度为例[D]. 北京：北京外国语大学，2021.

徐永红. 中医药文化对外传播研究——以文化适应为视角[D]. 上海：华东师范大学，2014.

四、电子文献

DATAREPORTAL. DIGITAL 2022：GLOBAL OVERVIEW REPORT[EB/OL]. (2022-01-26)[2022-10-25]. https://datareportal.com/reports/digital-2022-global-overview-report.

叶中华. 国家发改委：9年来，共建"一带一路"已成为广受欢迎的全球公共产品和重大国际合作平台[EB/OL]. (2022-09-29)[2022-12-25]. https://www.yidaiyilu.gov.cn/p/280936.html.

以太投资. 网红行业研究：进击的短视频昭示网红新趋[EB/OL]. (2016-06-13)[2022-10-25]. http://www.199it.com/archives/483691.html.

中国互联网络信息中心. 第48次中国互联网络发展状况统计报告[EB/OL]. (2021-09-15)[2022-11-10]. https://www.cnnic.net.cn/NMediaFile/old_attach/P020210915523670981527.pdf.

中国互联网络信息中心. 第50次中国互联网络发展状况统计报告[EB/OL]. (2022-10-20)[2022-12-25]. https://www.cnnic.cn/NMediaFile/2022/1020/MAIN16662586615125EJOL1VKDF.pdf.

中国互联网络信息中心. 第51次中国互联网络发展状况统计报告[EB/OL]. (2023-08-07)[2023-10-20]. https://www.cnnic.cn/NMediaFile/2023/0807/MAIN1691371873130308PEDV637M.pdf.

后　记

2013年习近平总书记从构建人类命运共同体的角度，向世界提出建设"一带一路"（即"丝绸之路经济带"和"21世纪海上丝绸之路"）倡议。十余年来，共建"一带一路"取得丰硕成果，造福了中国和"一带一路"沿线各国人民。党的十八大以来，以习近平同志为核心的党中央就高水平对外开放作出一系列战略部署，四川成为西向、南向对外开放的桥头堡，承担着面向"一带一路"高水平对外开放的重大使命。不断扩大人文交流与合作，是共建"一带一路"的重要组成部分。四川不仅与"一带一路"沿线各国经贸往来不断扩大、国际合作不断深化，人文交流与合作也日益频繁。与"一带一路"沿线各国开展人文交流，天府民俗文化是讲好四川故事的重要载体。今日世界已全面进入互联网时代，网络媒体成为国际传播的主力军。依靠跨国信息基础设施的强劲支撑，网络视频成为形象生动、高效便捷的国际传播工具。如何借助网络视频，更好地面向"一带一路"传播天府民俗文化，助力四川高水平对外开放，是一项具有现实意义和长远价值的重要课题。

为撰写本书，笔者历时三年开展深入调研，收集大量数据与案例，既深入梳理天府民俗文化脉络，又遵循国际传播规律，深入研究"一带一路"沿线国家受众文化心理，试图破解天府民俗文化网络视频国际传播的难点与堵点。本书从网络视频内容选择、传播表达方式、传播主体整合、传播载体选择等方面，系统论述天府民俗文化网络视频"一带一路"传播策略；从网络视频创作素材选取、脚本创作、拍摄创作以及外文配音等方面，系统阐述"一带一路"视域下天府民俗文化网络视频创作策略；从单一视频传播与长中短视频融合传播、单一媒体传播与多媒体融合传播、官方传播与民间传播、国人讲述与外籍人士讲述等四大关系维度，探寻构建天府民俗文化网络视频"一带一路"传播

后 记

模式。本书还阐述了党委政府、新闻机构、市场主体、社会组织以及以非遗传承人为代表的自媒体人在天府民俗文化国际传播中各自应当发挥的作用，提出了党委政府主导下各类传播主体形成合力，共同推动天府民俗文化网络视频"一带一路"传播的有关策略，着力从理论上破解天府民俗文化国际传播面临的体制机制障碍。

本书是 2021 年四川省社会科学研究规划项目"'一带一路'视域下天府民俗文化网络视频传播范式研究"的成果，结题鉴定等级为"优秀"。笔者设计总体框架、撰写大纲、统一体例并担任主要撰稿人。广播电视学专业硕士研究生汪子隽、邵子涵、吴旭东等同学参与了前期网络视频数据收集工作；传播学研究生李靖、牟方梅、殷吉、汪姝蕊、刘超言、梁念辛、黄文晋、宋凌寒、连禹恒参与了资料收集整理、数据统计及部分章节的初稿撰写工作，胡熠承担了数据统计表格的优化，与谢涵共同对第三章增补的短视频案例进行了分析。

本书撰写过程中，我们参考了文化学、民俗学、传播学等相关的诸多论著，并从许多视频网站及平台上引用了不少网络视频案例，在此，特向有关作者表示衷心的感谢！

本书的出版得到成都理工大学、四川大学出版社鼎力支持与帮助，在此一并致谢！

陈卓

2024 年 8 月

于成都理工大学砚湖卓尔雅斋